メディアの苦悩

28人の証言

長澤秀行 編著

光文社新書

はじめに

私はこの1月まで電通で三十数年間、広告ビジネスに携わってきました。

広告の世界では、グーグル、アップル、アマゾン、フェイスブックといった外資系のプラットフォーム企業がユーザーを増やし、ヤフー・ジャパンや楽天などの日本企業と熾烈《しれつ》な競争を繰り広げています。

ネット上では、新聞・テレビのことを「オワコン」（終わってしまったコンテンツ）と呼ぶことがあります。たしかに、いわゆる新興ネットメディアと比べると、仕組みもその内容も「既存」のもの——もっと言えば、「古い」ものに思えるのかもしれません。

ただし、さまざまな調査によって立証されていることですが、たとえばテレビは今なお圧倒的な影響力を持っていますし、新聞のメディアとしての信頼感も絶大なものがあります。コンテンツとしては決して「終わって」いません。ただし、これまで新聞・テレビが築いてきた「仕組み」そのものはプラットフォーム企業に侵食され始めています。乱暴に言うならば、終わりつつあるのは「コンテンツ」ではなく「仕組み」なのです。

その状況で、いわゆる既存のメディアのトップたちはこれまでにない苦境に立たされています。接触時間の減少と、部数や視聴率の低下。さらにはそれに付随する広告は、数、単価ともに激変しています。新しいマネタイズ手段を何とか確保するために、もがき苦しんでいるのです。

本書の書名は『メディアの苦悩』です。

まずは、新聞社、テレビ局のトップの声をお届けいたします。そこで発せられたのは、危機感にあふれるまさに「苦悩」に満ちた言葉たちです。

メディアはこれまで磐石の体制を築いてきたからこそ、今、悩み、苦しみ、次の一手を探しているのです。

一方、「新しい」とされるネットメディアはどうでしょうか。

スマートフォンの登場により、インターネットユーザーは爆発的に増えました。場所を選ばずインターネットにつながることのできる環境は、私たちがそれまでテレビや新聞に触れていた時間を、確実にネットにシフトさせています。電車の中で、新聞や雑誌を読んでいる人が減り、スマートフォンを見ている人が増えていることは、今更私が指摘するまでもないことです。

既存メディアから、人もお金もシフトしている——そんないかにも景気のよさそうなネットの世界。ユーザーが増え、接触時間も増え、さまざまなビジネスに影響を与えるネットメディア企業。株価も上昇を続け、ある意味で国を代表する「ナショナルブランド」になりつつあると言えます。

しかし、そんなネットメディアのトップたちに話を聞いてみて驚きました。

彼らもまた現状に悩み、苦しんでいたのです。

インターネットの登場によって、メディアは一方通行的に情報を発信するだけの存在ではなくなりました。共感や交流、集合知形成を担う存在に発展しています。

ただし、その発展には情報信頼性が不可欠です。もし、それが欠ければ、グローバルレベルでの社会混乱を引き起こす可能性さえ否定できません。

新しい、また、スピード感が求められるメディアであるがゆえ、ビジネス構築と問題解決を同時進行しなければならない。ネットメディアのトップたちが「苦悩」を続けているのは、今実際にそういう混乱が起きつつあるからです。

数々の炎上事件、インターネットを介した犯罪、ステマやターゲットアドなどの広告――。日々ニュースで報じられるだけでも、問題は山積しています。ユーザーの等しいリテラシー向上にも限界があり、いわゆる「情報弱者」を生み出しやすい環境にあります。

インターネットは、人間の知の進化に貢献するのか、はたまた混乱の発生源となるのか。これにはもちろんユーザーの自覚も欠かせませんが、それとともにユーザーへ情報指針を示唆する、信頼できるメディアの存在と、それを健全にマネタイズする仕組みが不可欠だと私は考えます。

その「メディア」と「仕組み」を作るために、既存メディアもネットメディアも、今まさに「産みの苦しみ」に立ち会っているのかもしれません。

その「苦悩」の果てに生まれる新しい命——その萌芽をお伝えすべく、本書は28人の識者の方たちへのインタビューを元に構成します。

第1章では、インターネット上の混乱した環境を総括します。

第2章では、デジタル時代に直面する新聞社の課題を、トップの考えとともに検証します。

第3章では、ネットメディアにおけるマスメディア的存在として多くのユーザーに利用されるヤフー・ジャパンの看板サービス「ヤフー・ニュース」のパワーの源泉を探り、スマートフォン時代のニュース環境の変化を探ります。

第4章では、「映像コンテンツ」という観点から、ネット時代の情報プラットフォームの果たすべき責務と、新時代のテレビ局が果たすべき役割について探ります。

第5章では、新しいニュース提供モデルであるソーシャルニュースについて、「ハフィントン・ポスト」のサービスを具体例として理解を深めます。

第6章では、LINEやツイッターなど、爆発的に利用が拡大するソーシャルメディアでの情報交流における危険性と、それを補う信頼性のあり方について考えます。

第7章では、個人による情報発信の試みについて、有料メルマガを始めとするマンメディアの目指す方向性を取材します。

第8章では、インターネットメディアを支える広告の問題について考えます。

第9章では、ユーザーのメディアリテラシー確立の必要性を、識者との対話で詳らかにしていきます。


「苦悩」の声を、できるだけ臨場感をもってお伝えできるように執筆いたしました。

現在インターネット業界やメディア業界で働く方、また、これから挑戦を考えている方、そして何より日々インターネットに触れているユーザーの方の理解の一助となれば幸甚です。

長澤秀行

メディアの苦悩　目次

はじめに　3

第1章　荒涼としたネットの現在地　15

「もしかしたら日本は、中国よりもインターネットユーザーをコントロールしやすい国なのかもしれない」
徳力基彦（ブロガー、アジャイルメディア・ネットワーク取締役）

「オレは、『バカを相手にしてちゃんと商売しよう』というスタンスなんです」
中川淳一郎（ネットニュース編集者）　23

第2章　新聞生きるか死ぬか　35

「デジタルをやるだけで朝日新聞が生き残れるとは思っていない」

「新聞は、憲法で保障された表現の自由の下にあります」 **木村伊量**（朝日新聞社代表取締役社長） 38
「編集権と価格決定権は他社に渡さない」 **白石興二郎**（読売新聞グループ本社社長） 48
野村裕知（日本経済新聞社常務取締役） 58
インタビュー・コラム① 出版社と流通 **長田公平**（日経ＢＰ社社長） 70
インタビュー・コラム② コンテンツとデリバリー **夏野 剛**（慶應義塾大学特別招聘教授） 72

第3章 ニュース売ります買います

75
「公共性の高いニュースには、見出しだけでも触れてもらいたい」 **伊藤儀雄**（ヤフー・ニュース編集責任者） 82
「ヤフー・ニュース個人の、１８０万という影響力は段違いなんですよ」 **大元隆志**（ＩＴビジネスアナリスト） 88
「原発問題をどのように伝えるのかが、日本のメディアの試金石だった」

「よく読まれているものが上位にくれば、よいコンテンツが見えてくる」 **川邊健太郎**（ヤフー株式会社副社長） 91
藤村厚夫（スマートニュース株式会社執行役員） 100

第4章 テレビはオワコンか？ 000

「プラットフォームを持つというのも選択肢の一つ」 **亀山千広**（株式会社フジテレビジョン代表取締役社長） 112
「今テレビの代替品になるものはないし、今後も生まれないと思います」 **川上量生**（株式会社ドワンゴ会長） 127
インタビュー・コラム③ テレビとビッグデータ **氏家夏彦**（TBSメディア総合研究所社長） 140

第5章 ハフィントン・ポストの狙い 143

「ニュースを消費する側から見れば、ジャーナリズムの黄金時代がやってきた」

アリアナ・ハフィントン（ハフィントン・ポスト創設者・会長・社長兼編集長） 146
「日本人は、議論が得意じゃないところもある」
松浦茂樹（ハフィントン・ポスト日本版編集長） 150

第6章 ソーシャルメディアの責任感を問う 157

「健全な言論空間を作るには、匿名、実名を選択できるオプションが非常に大切」
近藤正晃ジェームス（ツイッタージャパン代表取締役会長） 163
『衝突』『炎上』を起こしやすい仕組みやサービスは、おそらく淘汰されていく」
笠原健治（株式会社ミクシィ会長） 169

第7章 個人がメディアになる時代 177

「メルマガは作りたいメディアだったわけではない」
津田大介（ジャーナリスト、メディア・アクティビスト） 180

「中国人の口コミって、かなり信憑性がある」 **ふるまいよしこ**（フリーランスライター） 191
「『ネット世論』というものがこの世界にあるとは思っていない」 **東 浩紀**（思想家） 197
第8章 誰が「広告」を殺すのか？ 211
「ネット広告産業全体が白眼視される可能性もある」 **大島 茂**（大和ハウス工業株式会社総合宣伝部第一事業販促室長） 216
「プライバシーポリシーについて、簡潔に説明できる人が必要なんです」 **やまもといちろう**（ブロガー、実業家） 223
「成果が可視化されるネット広告のよさが、悪い方向に働いている」 **新澤明男**（株式会社サイバー・コミュニケーションズ代表取締役社長） 228
インタビュー・コラム④ ネットと民主主義 **森 隆一**（元・電通副社長） 240

第9章　情弱ゼロ社会へ　243

「まとめサイトだけを見て、すべてを読んだ気にならないでほしい」
田端信太郎（LINE株式会社法人ビジネス担当役員）　245

「今の日本は、簡単に世論統制ができてしまいかねない危険な状態がある」
橋元良明（東京大学大学院情報学環教授）　250

「情報に接しているだけでは、メディアリテラシーは身に付かない」
菅谷明子（ジャーナリスト）　261

第10章　メディアの役割　271

おわりに　279

第1章

荒涼としたネットの現在地

「ステマ問題」を忘れるな

まずはちょっと身近な例から、ネットの危険性を考えてみましょう。

今から1年半ほど前、2012年末――。

ステマという言葉がメディアを騒がせました。芸能人が、特定のサイトや商品を自身のブログやツイッターで宣伝する。問題は、スポンサーサイドからさまざまな特典を受けながら、それを明らかにせずに宣伝していたことにありました。

ソーシャルメディアの普及で、誰もがインターネット上で発言できる時代を迎えたとはいえ、ツイッターやブログでも多くのフォロワーを集めているのは、いわゆる芸能人や著名人の方々です。ステマとは、その「発言力」を手っ取り早くマーケティングに利用する広告手法です。しかし、芸能人の個人的関心なのか企業の宣伝活動なのか、インターネット利用者からは見分けがつかなかったことが問題となりました。ステルス（スポンサーの存在が見えない）マーケティングとして指弾を浴び、表舞台から姿を消したタレントも出たほどです。

インターネットは、「十年大昔」です。あっという間に、いろんなニュースが風化されていきます。けれども、私はこの「ステマ事件」には、インターネットの危険性を知る上で欠かせないポイントがあると考えています。

なぜなら、この事件は、テレビ・ラジオ・新聞・雑誌などの既存マスメディアと、新興ネットメディアの「社会的存在への価値意識」についての差異を示してくれるからです。

信頼のトライアングル

通常、テレビ・ラジオ・新聞・雑誌では、スポンサー発の情報は「広告である」とはっきりわかるように表現されており、記事や番組などと、きちんと区別して読むことができるようになっています。たとえば、新聞での広告ページは、明らかに通常の記事とはレイアウトデザインが違います。テレビやラジオは、番組と番組の間に一定の時間を区切り、「ＣＭ」という形で広告を放送するように線引きをしています。また、通販番組などは、明らかにスポンサー主導の広告番組であるとわかる形で放送されてきました。また、インターネット広告でも通常のバナー広告はもちろん、タイアップ広告でも既存マスメディアと同様に、ユーザーへその趣旨がわかるような配慮がなされてきました。

以上を踏まえて考えると、なぜ「ステマ」が問題なのかが明らかになってきます。

既存マスメディアが中心の時代には、「情報提供の社会的ルール」が暗黙知として存在していました。

そのルールとはつまり、記事や番組はあくまでスポンサーとは独立しており、メディアが提供する社会的公共財であるという考え方です。一方、広告は、そのメディアの持つ読者や視聴者への影響力を活用したマーケティングの手法であり、これまた記事や番組とは独立して認識されるように努めるべきだという考え方です。

そのルールの上にあればこそ、メディアの情報は独立情報として信頼され、広告も信頼されるという構造になっていました。

お金を払うだけでは広告は出せない

たとえば、ある商品の広告を新聞に出すためには、ただお金を払えばいいわけではありません。新聞社が事前に審査を行い、広告掲載基準に沿っているかをチェックした上で掲載が許可されます。

ネットメディアにおいても、広告はヤフーなどポータルサイトなどで、マスメディア同様の厳しい審査が行われてきました。

つまりメディアの提供するコンテンツと、広告主の提供する広告コンテンツを峻別して掲載することで、メディアの信頼性と広告の信頼性を併せて担保するモデルです。それによってユーザーはメディアを信頼することができ、そのメディアに掲載される広告も「生活情報」として安心して触れることができました。

この審査によって、メディア、ユーザー、広告主の「信頼のトライアングル」が形成され、広告ビジネスが成立する基盤となりました。メディアは、自らのブランドに対する信頼を価値化して、ユーザーからの課金収入に加えて、広告主から広告収入を獲得してきた構造です。ただし、この「信頼のトライアングル」を生み出す構造は、メディアの数が少なかった時代だから成立しえたとも言えます。

かつてメディアと言えば、テレビ・ラジオ・新聞・雑誌のことを指していました。ニュースや娯楽の入手先は、スマホやネットのある現在と比べると非常に少なかった。数少ないメディアに読者や視聴者が集中するために、メディアも広告主も、そこでのブランド力とロイヤリティを上げることに注力すればよかったのです。そのシンプルな構造が、情報提供の社会的ルールを作り出し、信頼獲得の後押しをしてきました。

ネット広告の価値

しかし、インターネットの普及とともに、その構造に変化が起こりました。メディアへの参入障壁が低くなり、さまざまなメディアが立ち上がったと同時に、広告主も自社サイト（オウンドメディア）を立ち上げることになりました。自社サイト単独ではなかなか来訪者が増えないため、集客手段として人が集まるサイト（ペイドメディア）へ広告を出します。

インターネット広告（バナー広告や検索エンジン広告）は、自社サイトへの誘導率を広告投資の目標値とします。この目標設定の前提に立つと、ターゲットを自社サイトへ誘導できればそれだけでよい手段であり、自社サイトへの誘導率が高ければより投資の効率がいいという判断になります。つまり、インターネットの広告の価値は、「その広告がどれだけ見られたか」「どれだけクリックされたか」「自社サイトでどれだけ顧客化されたか」で測られるわけです。

当然、消費ターゲット層を多く引き寄せるページビュー（ＰＶ）の高いメディアが評価を受けます。

マスメディア広告で期待される「メディアのブランド力＝信頼力」はさほど重視されない、徹底した「直接効率主義」が働く広告環境なのです。

さらに広告が集中する

その環境の中、ページビューを稼ぐ力があるメディアに広告は集中します。集中すればそのデータ分析などや資金力でよりページビュー獲得を強化できる。

一度稼ぐ力があると認められれば、そのメディアは極めて速いスピードで成長します。たとえば、ポータルのヤフージャパン、検索のグーグル、料理レシピ情報のクックパッド、化粧品・美容情報のアットコスメ、オンラインモールの楽天市場などにユーザーと広告主は集中していきました。当然、マスメディア同様、メディア、ユーザー、広告主や出店企業には「信頼のトライアングル」が形成されていますが、広告効果が可視化されるインターネット広告の特性上、メディアのブランド力や信頼性よりもページビュー数が優先される傾向があることは否定できません。

インターネット広告は、どんな形であれページビューが伸びれば、自動的に広告出稿が増える仕組みになっています。アフィリエイトという、ページビューが高いサイトから関連商品にユーザーを誘導し、販売手数料を取る商売のやり方もあります。

ネットメディアにおける極端な「ページビュー至上主義」は、テレビにおける視聴率以上だと言ってもいいのではないでしょうか。マネタイズに大きく影響し、ページビューを多く得られないメディアは、単独ではビジネス的に存続しえない環境に晒《さら》されます。

マスメディアで一応機能していた、ユーザーとメディアと広告の「信頼のトライアングル」が、インターネットでは崩れかねない状況です。

悪貨は良貨を駆逐する？

先に、広告の信頼性の視点からネットメディアの課題を書きましたが、もはやインターネットは情報の受発信メディアとして社会生活のインフラになっています。

そして、テレビ以上に「中毒性」のあるメディアかもしれません。その中でインターネットを使いこなせず、ネットに操られるユーザー層が少なからず存在しています。

インターネット上に流れる情報の真偽を確認しなかったり、ネット上で発言力の強い論者の話を妄信したり、人に注目されるテーマを発信することの結果を想像できない無防備な人々です。

インターネットの仕組み自体は、「バカ」ではない。しかし、それを使う人々がまだそこに全幅の信頼を置けない中で、ページビュー主義に象徴される「悪貨は良貨を駆逐する」ようなビジネスマネタイズや、ネット上での「話題作り」がユーザーに悪影響を与える状況があります。

ブログ黎明期《れいめいき》より、ブロガーとして活躍する徳力基彦氏。

『ウェブはバカと暇人のもの』（光文社新書）『ネットのバカ』（新潮新書）と、「インターネットとバカ」をテーマに考察を続けるネットニュース編集者・中川淳一郎氏。

これから始まる取材の旅のプロローグとして、まずはこの二人の論客に荒涼としたネットの現状を伺います。

「もしかしたら日本は、中国よりもインターネットユーザーをコントロールしやすい国なのかもしれない」

徳力基彦（ブロガー、アジャイルメディア・ネットワーク取締役）

プロフィール／1972年生まれ。1995年NTT入社。法人営業やIRなどを担当。ITコンサルティングファームなどを経て、06年にアジャイルメディア・ネットワーク設立時からブロガーの一人として運営に参画。09年〜14年2月まで社長を務める。ブログ以外にも執筆や講演を精力的にこなす。政府広報アドバイザーなど幅広い啓蒙活動を展開する。著書に『デジタル・ワークスタイル』（二見書房）などがある。

「オレは、『バカを相手にしてちゃんと商売しよう』というスタンスなんです」

中川淳一郎（ネットニュース編集者）

プロフィール／1973年生まれ。一橋大学商学部卒業後、博報堂入社。企業のPR業務などを担当し、01年に退職。無職の時期を経て、フリーライター、編集者になる。現在は、ネットニュース編集者として「NEWSポストセブン」などを担当。著書に『ウェブはバカと暇人のもの』（光文社新書）、『凡人のための仕事プレイ事始め』（文藝春秋）、『ネットのバカ』（新潮新書）など。

――この1年ほど、コンビニや飲食店での非常識な投稿画像に端を発する、ネット上での炎上事件が、テレビや新聞のニュースになることが増えてきました。ツイッターをはじめとするソーシャルメディアの急速な利用拡大に、ユーザーのリテラシーも、企業サイドも追いついていない現状があります。

徳力　最近の炎上事件は、企業側が謝罪してプレスリリースを出してようやく一段落するようになっています。プレスリリースが出ると、テレビや新聞にとってもニュース価値が出てくるわけで、番組や紙面で取り上げやすくなる。

中川　企業のホームページのちょっとした「謝罪」のプレスリリースで、「2ちゃんねる」が盛り上がることはよくありますね。そこオレはウォッチしているんです。

――現実社会が可視化されただけで、ネット特有のことではないという考え方もある。

徳力　僕も広い意味では同意見です。

――ネットの登場で、誰でも発言できる、誰でもオープンにできるという、新しい状況が生まれて、それがどんどん拡大しているんじゃないでしょうか。単に可視化されただけではなくて、その可視化することを、自己顕示や、他人への攻撃に使うようになってきています。今まで抑制していた人間の本能的な部分が出てきているように感じていますが、お二人はいかがでしょうか。

徳力　あるイベントで中川さんと対談した時に、中川さんがお作りになった「2ちゃんねる」の炎上ヒストリーを見せてもらったんです。似たような炎上事件は、昔からたくさんあった。結局、いわゆる炎上するようなことをやる人は、今も昔も一定数いたんじゃないでしょうか。

問題はクレームをつけることができるかどうか

徳力　僕も学生時代に居酒屋やファミレスでバイトしていたんですが、表に出ないだけであういうノリはあったと思う。今はそれが内輪で終わるのではなく、公に出ることで罰せられる。このギャップが埋めきれていないんですよね。実際は、昔からあることだし、今もあるという前提があるものの、建前上はないことになっています。その建前が暴かれると、あのように罰則を与え、儀式的に消毒をし、謝罪をすると……。

中川　この問題の本質的な話は、クレームをつけることができるかどうかに集約されるんです！　本当にいびつだと思うんですが、「クレームをつけやすい存在がいる」ということがわかった瞬間に、みんなクレームをつけ始めるんです。この風潮に対しては「死ね！」と思いますよ。本当に気持ち悪い……。

徳力　今の日本人は、クレームにすごく弱いと感じますね。大量にクレームが来ると、それに対して何かしなくちゃいけない。でも、結局謝っても許してくれないわけです。その儀式として「謝罪」そして、「プレスリリース」が作法になっています。

中川　そこで「うるせえ！　バカ！」と言っちゃえばいいんですよ。

飲酒運転はなぜ減ったのか？

――なるほど（笑）。炎上事件の発端は、いわゆるいたずら行為ですよね。それをみんなに見せたい。ただ、その結果が何を招くかというところが想像できていないと。

徳力　そこにギャップがあるんです。

――想像できないまま、ツイッターにアップしてしまう。アーカイブとして残ること、消せないことを、後になって知るという。

徳力　それまで写メールでやっていた情報共有を、ツイッターでやった瞬間に全世界に公開されます。でも、事件を起こした人たちは写メール感覚でやっているんです。ツイッターによって、今までやっていたいたずらが見つかる。そして、見つかった結果、大学を退学させられるなど、想像よりはるかにキツい罰が待っている。でも、こういう結果になることは、まだ共有されていない。ソーシャルメディアの伝播速度と、ユーザーの認識が追いついていないんです。

中川　そうでしょうね。

徳力　「これ面白いからやってみろよ！」「おう、やってやるよ！」くらいの軽い気持ちでやっているんだと思うんです。だから、それをやった結果どうなるのかを共有させないと、このループは止まらない。これは飲酒運転と一緒だと思うんですよ。昔は今より飲酒運転する人が多かったと言われます。もちろん、今も昔も飲酒運転は絶対によくないことですよ。ただ、取り締まりや法律が厳しくなったことで、飲酒運転をする人は以前と比べると激減した。それは、飲酒運転をしたら、自分の人生どころか、家族の人生までも崩壊させてしまうことが世の中に浸透したからですよ。ところが、ああいう写真共有をしてしまうと、大学も退学になるし、就職活動の際に個人特定されてしまって、就職できなくなることもあることがまだ浸透していない。

コントロールしやすい国
――ネットの影響力が強くなっているのに、ユーザーの意識が追いついていない。

徳力　ソーシャルメディアで初のアフリカ系大統領が生まれたと言われるアメリカみたいに、国家レベルでのパワーシフトが起きている国がある一方で、日本は「アラブの春」的なこともないし、ネット選挙も最近実施されたけど、ネット主導で誰かが当選するケースも今のところ見当たりません。マーケティングの観点でも、アメリカだとそもそもマスメディア自体が少ないから、デジタル中心に考えなければいけない。テレビや新聞に広告を打てばモノが売れる時代は終わったと言われています。ただ、日本は今もマスメディアの影響力は強いですし、ネット側の事業者自体がテレビの広告主の上位に並んでいたりしますよね。アメリカが進んでいるという見方もあるだろうし、日本は全く違うという見方もあるでしょう。ただ、もしかしたら日本は、中国よりもインターネットユーザーをコントロールしやすい国なのかもしれない。「大きな政府」を目指している人からすると、コントロールのシナリオが描きやすいかもしれませんね。

中川　面白いですね。

――「空気を読む意識」が高いから、コントロールしやすいのかもしれません。

すべてを検索で決める若者たち

徳力　中川さんから見て、「空気の読み方」って世代によって変わっているんですか？

中川　あまり変わらないですね。ただ、今の大学生とか、若いサラリーマンって、オレたちが就活していた時よりも、圧倒的にちゃんとしている。それは情報があり過ぎるからです。面接対策とかいろんな情報をネットで見るんですよ。たとえば、新入社員になって、会社でどうやって振る舞うべきなのかとかもネットで見る。検索することで、彼らの知識は増えているんです。しかしですね、日本がこれまでどうやって発展したかというと、そんな情報なしに、各人が「頑張って仕事した」ということなんです。先例とか、先人は何を言ったかをいちいち確認することなく、みんな頑張ることで、仕事が成り立ってた。なのに、今はネットで検索して、新入社員の時の挨拶はこうすべきだとか、すべてを検索の結果に沿って行動する。検索にはまらないことをやっちゃいかんと考えて行動しているんですね。これはおかしいとオレは思う。

――今のネットの荒れた状態で、きちんと広告メディアとして育つのか不安です。僕は、『ウェブはバカと暇人のもの』だという中川さんの指摘に納得できる部分もあるにはあるんです。ただ、そこで僕は使命感を持って仕事をして、ネット業界の若い連中は命をかけてそこで仕事をしている。やっぱりどこかで、社会に役立つメディア、みんなが楽しめるメディアになってほしい。

徳力　これまでのマスメディア企業って、メディアとしての「自負」や「自己ルール」がありましたよね。一方でソーシャルメディアやネットのプラットフォームを提供している企業は、自分たちはテクノロジーの会社だと思っているからメディアとしての倫理観や責任論とは関係ないと思っている会社が多いと思います。その象徴が、２０１２年に消費者庁が景品表示法違反になるとの見解を示したコンプガチャ問題だったと思うんです。明らかに困っているユーザーがいて、社会問題になっているのに、「儲かっているんだし、自己責任だからいいじゃん」というノリで、そのままにしちゃった印象が強いです。

メディアに限らず昭和の起業家、たとえば松下幸之助のように新しい産業を作った人たちは、自分たちのビジネスと社会をセットで考えていましたよね。「水道哲学」のような思想。

――ありましたね。

徳力　でも、残念ながら、日本のネット企業のトップの人たちは、インターネットというコミュニティや文化を育てていくというよりは、投資市場的な収益に目が行っているように見えます。僕自身、儲けないといけない側の人間なので、こういうキレイ事を言っている場合じゃないんですけど（笑）。

たとえば、電通の中興の祖・吉田秀雄さんは、当時「バカを量産する」と言われていたテレビメディアを、きちんと収益が生まれるビジネスモデルにして、倫理的な部分も整理しましたよね。日本のインターネットは、そこの作法をあまり知らずに進んできたように思います。

――業界としての自浄作用という言い方でいいのかな。やっぱり経営者は、もう少し社会性に目覚めてくれないといけませんね。

徳力　日本のネット企業は、そこ（社会性）がおざなりになっているケースが残念ながら多いように感じます。問題が大きくなってから慌てて対応するというパターンが繰り返されているんです。ベンチャーだから若くて自由な企業が多いのは当然ですし、それは強みであるべきでしょう。でも、若いままでいる期間が、日本はちょっと長いように思えます。

――なるほど。社会を甘く見ているのかな。

徳力　今、分岐点に立っていると思うんです。このままネットが、アングラな場所として定義付けられたまま力を失っていくのか。それとも、もう一段上に行けるのか。広告費のシェアは上がっているかもしれませんが、社会的地位は、ほとんど上がっていませんからね。

バカを相手にする

――上がっていませんか……。18年ネットをやってきた僕の人生って何なんだろうと反省しちゃいますね。中川さんはネットニュース編集者として、どのように考えていらっしゃいますか？

中川　オレは、「バカを相手にしてちゃんと商売しよう」というスタンスなんです。で、たぶん長澤さんは、ちゃんと頭いい人を相手にして仕事をしようと思っている。そこに差があるのかもしれない。

――う～ん。

中川　でも、正直、バカを相手にしたほうが、あんまり知恵使わないで儲かるんです。だからオレはそっちをやろうと思っているんです。頭のいい人を相手にしようという人が増えるのは、すばらしいことなんです。で、オレも正直そっちへ行きたいんです。でも、それは難しいことなんですよ。だからやってないんです。

で、本当に頭のいい人を相手にした商売をする人が現れたら、とんでもなく応援したいと思います。その方が道を切り拓いてくれたら、そこを後押しすべく、オレも頑張れる。ただ、自分が切り拓こうとは思わないんですよ。理由は、バカを相手にした商売が、今とんでもなくイケてるからです。今、現段階で自分のビジネスを考えると、まだバカを相手するほうがいいと思っているんですよ。

オレたちはネットを使いこなす側から、ネットに操られる側に落ちてしまったのかもしれません。今まで便利なツールとして効率化を図るためのものだったインターネットが、逆に非効率化をもたらしているんじゃないかと。これでは生産性が落ちます。〈了〉

この章の主張

情報空間の信頼性・社会性を、新聞やテレビ、ラジオ、雑誌などのマスメディアが担ってきました。また、マスメディアも、社会から高い公共性を課せられていました。ユーザーにとっては、そのマスメディアのフィルターが、ある意味でライフジャケットになっていました。

しかし、インターネットはフィルター不在の自己責任世界で、マスメディアのパワーも相対的なポジションです。

次章では、新聞を中心としたマスメディアの現在を検証します。

第2章

新聞生きるか死ぬか

アマゾンとワシントンポスト

アマゾンのCEOジェフ・ベゾスによるワシントンポスト紙の買収が、新聞の未来に大きな波紋を投げかけています。寡黙《かもく》なベゾスは多くを語りませんが、ワシントンポスト紙の社員には、新聞の社会的重要性とともに生き残りへの新しい戦略を示唆しているようです。

彼は社員に、「ワシントンポストの価値は変わる必要はないものだ。そしてその責務は読者のために」あり、「ジャーナリズムは自由な社会のために決定的な役割を果たす」と語りかけるとともに、「地図はなく、この先の針路の選択は容易ではない。新しいことを考え、試していかなければならない」とその未来を示したと言います。

それに対して、かつてウォーターゲート事件をスクープしたチームの一員であるジャーナリスト、カール・バーンスタインは、

「今日の発表は（中略）高い期待を持って受け止めた。新たなテクノロジーの時代に生まれた新たな企業家精神とリーダーシップは、ワシントンポストのみならず、おそらく報道ビジネス自体にとって必要とされているものだ。（中略）新たな報道のルネッサンスを支える収益創出モデルを含め（中略）必要なことだ」

とコメントしています（以上、2013年8月7日ハフィントン・ポストより）。

アメリカの新聞は、ネットメディアの強い影響を受けて、広告モデルを基盤としたビジネ

スモデルが危機に瀕《ひん》しています。当然、課金や広告モデルでのデジタル化は進めているものの、今なお試行錯誤の段階。そのような状況下でのベゾスによる買収劇は、アメリカのメディア界に一石を投じるものでした。

日本において新聞は、「信頼できるメディア」であるという結果が出ています（橋元良明東京大学大学院情報学環教授らの最新調査。9章で詳述）。

その一方で、「インターネット利用の拡大で接触時間が下がっていくメディア」であるともされ、その影響力は低下しています。

「マスゴミ」などと揶揄《やゆ》される新聞ですが、一方で「新聞社ってすげえな」（津田大介氏、7章で詳述）と1次情報への取材、裏取りの力を賞賛する声もある。

デジタルネイティブが社会の中軸となり、インターネットを利用した情報獲得時間が飛躍的に拡大する中、いかに新聞メディアが競争力を維持できるのか。マスメディア内での競争とは異次元の「構造的な競争」に、新聞は向き合わなくてはならない時代です。

その状況下で、新聞の組織ジャーナリズムが培《つちか》ってきた情報信頼性や社会への課題設定機能がこれから維持できるのか、という局面に立たされているとも言えます。

アメリカではすでに多くの新聞社が淘汰《とうた》され始め、ネット課金モデルへのシフトやハフィントン・ポストなどの新しいニュースメディアも台頭を始めています。さらに先のアマゾンのように異業種からの参入も始まっています。
新聞大国と言われた日本――。
生き残りを賭けた熾烈《しれつ》なサバイバルレースの渦中にいる、3人の新聞人にお話を伺いました。

「デジタルをやるだけで朝日新聞が生き残れるとは思っていない」

木村伊量（朝日新聞社代表取締役社長）

プロフィール／1953年生まれ。早稲田大学政治経済学部卒業後、1976年朝日新聞社入社。政治部長、ヨーロッパ総局長、ゼネラルマネジャー兼東京本社編集局長などを経て、12年より朝日新聞社代表取締役社長。

――スマホも含めて、インターネットユーザーが急拡大しています。その状況の中で、新聞ジャーナリズムが果たすべき役割は何だとお考えでしょうか。

木村　2013年9月にニューヨークでニューヨークタイムズのトップら幹部に会ってきました。アメリカの新聞社のほうがデジタル展開などで先を行っているところもあったし、販売や配達のシステムのように私たちのほうが知見を持っている面もあった。はっきり言えるのは、「紙のままで行くのか、それともデジタルに向かうのか」という、しばらく新聞業界で続いた二者択一の議論は、19世紀ぐらいの遠い昔の風景になっていたということです。ジャーナリズムの使命を果たしていくためには、紙とデジタルの「ベストミックス」を探していくしかないということを改めて実感しました。

「新聞＝ジャーナリズム」とよく言われます。政府や権力をチェックし、民主主義を支える、いわゆる「社会の木鐸《ぼくたく》」という機能ですね。しかし、たとえば朝日新聞の購読者のボリュームゾーンは50代以上で、とりわけ若い層にはしっかりと届いていないという厳然たる事実がある。朝日新聞どころか、「紙の新聞」になじみのない、あるいはデジタルの世界に慣れていて情報にお金を払うことになじみのない人に、どのようにアプローチするか。そこに、洋の東西を問わず、苦心しているわけです。

新聞業界は護送船団

――若者の紙離れは明確だと思いますが、試行錯誤の段階だと。

木村　新聞社はよく、日本社会は「護送船団」方式のままではいけない、などと紙面で指摘してきましたが、実は、日本の新聞業界は最後の護送船団だったとも言えます。日本語という非関税障壁に守られて生きてきた。市場はシュリンクし、デジタルネイティブがどんどん増えている中、当然の構造的問題に私たちは直面しているわけです。今、次のビジネスモデルを必死に探しておかないと、永遠にトンネルの先は見えてこない。限られた原資の中で、どのような新しい取り組みに、どれくらいチップを張るのかを絶えず考えています。闇夜の中で遭遇戦をしているような感じです。

―― 私自身、asahi.com の立ち上げとヤフーの立ち上げにも関わりました。それが10年経ったら、いわゆるマネタイズの面で大きな差が出ました。

木村　新聞は、いろいろな情報を集約して見せるという意味で、言ってみれば、明治時代からずっと巨大なアグリゲーション（情報集約）サイトだったわけです。しかも情報を独占していた。しかし、ヤフーのようなデジタル時代のアグリゲーションサイトが出てきて、そちらにアクセスが集中するようになった。新聞を買わなくても、新聞社がネットに流している情報の見出しを読むだけで十分という人もいるからでしょう。

　新聞社から見ると、お金と人手をかけて、ネットワークを作って、膨大なインフラのもとに集めている情報を「はいはい、ご苦労さん」と言われて吸い上げられているような、何だか鵜《う》飼いの鵜匠に使われている感じもする（笑）。ですが、そのサイトからたどって朝日新聞社のサイトを訪れていただくこともあるわけですから、一方的に搾取されている気はしません。新しい時代にあわせた展開の芽がそこにあると感じます。

記者のマインドを変えるために

――『新聞と「昭和」』（朝日新聞「検証・昭和報道」取材班、朝日文庫）にあった、新聞を作る過程、ジャーナリズムを検証し、自己批判までする姿勢は、社会の安定を築いていくものだと思います。ネットでニュースを知る層が急拡大する時代、新聞社のネット事業がもう少し理解されてもいいのかもしれません。たとえば、記者ツイッターやハフィントン・ポストとの提携という試み。まずは、どういう意図で記者ツイッターを始められたんでしょうか。

木村　かつては「朝日新聞が書いているから」と、特に記者の名前を明示せずに読者に一方向で新聞を届けていました。でも、デジタル時代には、朝日新聞という最大40ページのパッケージで情報を届けるだけではなく、一つ一つの記事をバイライン（署名入り記事）で見てもらう試みも必要になっています。「朝日はあまり読まないけれど、あの記者の書く記事は好き」というようなフォロワーを作るためにやっているのが理由の一つです。

もう一つは、社内の意識改革です。朝刊の締め切り、夕刊の締め切りに追われて忙しいのに、「その上にデジタルもやらなきゃいけないの？」という意識は、記者の間には今でも少なからず残っています。私は社内で繰り返し「紙だけに書いている記者は数年後に働く場所がなくなるぞ」と言っているのですが、紙中心のマインドを変えるためにも、ツイッターのような場所でマルチに発信する取り組みが大切だと考えています。いきなり二千数百人の記者全員にやってもらうわけにはいきませんが、広げていきたいですね。

——若い現場記者のツイートから熱いジャーナリスト精神を感じています。

木村　何より「お得意様」のことを考えるきっかけになります。これまでの新聞記者は、読者からのフィードバックがあまり見えていなかった。双方向性はメディアにおいて不可欠です。これからの記者は、読者の反応や、読者が欲していることに常に神経を研ぎ澄ましながら自ら発信し、フォロワーであろうと批判者であろうと、対話をしながら言論のフォーラムを作っていくことが求められます。

——まさにネットの双方向性をバックにした意識改革ですね。

木村　ただ、いろいろな試みはやっても、デジタルをやるだけで朝日新聞が生き残れるとは思っていないのです。将来を見据えた投資や取り組みは必要だけれども、今は紙の新聞が収入の根幹にあるわけで、経営上は、まずはライバル各社に伍して、部数のシェアを守り、あるいは差を縮め、生き残ることが圧倒的に大きな課題です。デジタルの話だけで新聞社の経営を語ると、アウト・オブ・バランス、アウト・オブ・プロポーションになりかねない。常に「ベストミックス」を探る視点を意識しています。

新聞はコース料理か

――ネットではユーザーオリエンテッド（ユーザーの視点に即した）で好きな情報や、好きな友人が勧めてきた情報に接することができます。しかし、それだと自分の興味がない情報、もしくは嫌いな情報に触れることが少ない。そういう意味で言うと、新聞を開けば、自分の興味がない情報にも触れられますね。強力なプッシュメディアです。

木村　たしかに、新聞には広い「知」が毎日詰まっているという考え方はありました。そうありたい、「あらまほし」の姿でもあった。しかし、果たして今そのような捉え方をされているでしょうか。

新聞社は伝統的に、オードブルからデザートまで、レストランの「本日のシェフのおまかせコース料理」という感覚で読者に紙面を届け、読んでもらおうとしてきたわけです。だけど、コース料理はいらない、アラカルトで食べたい、という人もいます。一つの料理の「トッピング」にしか興味がない人まで出てきた。

「サッカーの解説記事なら長くてもじっくり読むけれど政治家の解説記事はいらない」とか、「朝刊って40ページあるけれど、興味がある記事は2ページ分しかない」という……。音楽CDでも、アルバムの中の1曲だけ聴ければよくて、他の曲はいらないという若い人が増えているでしょう。新聞も「残り38ページ分のお金をなぜ払わなくちゃいけないの?」という感覚が強くなっていくはずです。さらに極端に言えば、1面は朝日新聞、2面は日経新聞、3面は中日新聞が欲しいというような人も出てくるかもしれません。

もっと自分の趣向に合ったものを求めている人のために、「新聞=全体知」「新聞=教養」という考え方にこだわらず、情報をアンバンドル化(一括販売されていた製品を個別に価格を付けて販売すること)していく流れが起き始めるのは当然だと思っています。

——そうすると、一つ一つの記事や論説などのコンテンツの深さに、朝日というブランドが付くことによって価値が高まる。

木村　いや、「コンテンツの深さ=価値」だと、新聞社は言いがちですが、それは少し違うかなと思います。たとえば、政治の裏で何が起こっていたかを伝える解説記事があったとして、政治にまるで興味がない人には、何の価値もないのです。新聞のコンテンツは、その深さに価値を感じ、評価してくれる土壌があってはじめて、「デジタルの情報と比べて深い話が載っているから新聞を読む」と言ってもらえる。だけど、そこに価値を置かない人——とりあえず情報が早ければいいし、間違っていなければいいという人は、新聞を読む必要がないわけで、どんなに深いコンテンツが載っていても「新聞には買う価値がある」とは思わないでしょう。

ジャーナリズムと収益の関係

木村　私たちが手がけている現在の「朝日新聞デジタル」は、シビアな言い方をすれば、「紙」が「デジタル」という媒介物に変わった段階とも言える。紙の朝日新聞の「派生商品」にまだとどまっているのです。それでは新聞に格別の価値があると思わない人たちを新しく招き入れるものにはならず、これだけで、現在の十数万の有料会員数が一気に数百万に増えることはありえない。コンテンツをいったんアンバンドル化し、ユーザー一人ひとりに価値が高いと思ってもらえる商品をテーラーメイドのように作らないといけないのではないか、という問題意識を持っています。

――総合性のアンバンドル化ですね。記者ツイッターは、これから広がってくると思っています。各分野の専門記者もいるし、地域記者もいて、それぞれが一つの面白いコンテンツになってきています。

木村　東京電力福島第一原発事故に伴う除染作業のずさんさを指摘した『手抜き除染』一連のスクープ」（特別報道部取材班）が、２０１３年度の新聞協会賞を頂戴しました。その評価はとてもありがたいことです。もっとも、ジャーナリズムの成果は収益に直結するわけではありません。コンテンツを研ぎ澄ませば朝日新聞は生きていけると言ってくれる人はいますが、それは必要条件であって十分条件ではない。コンテンツを磨いたら自動的に生き延びられるほど甘くはない中で、どのようにジャーナリズムを維持していくのかが難しいのです。

――……わかりました。ハフィントン・ポスト日本版への出資、提携された意図はどのへんにあるのでしょうか。

木村　アメリカでナンバーワンのウェブでの言論空間と組んで、朝日新聞のジャーナリズムの外縁を広げようということです。朝日新聞というブランドを、若い人にも広げたい。新聞はよく見たことがないという人に、新聞の未来を感じてもらえればと考えたのです。

――朝日とハフィントン・ポストとのつながりには、新しい時代が到来したと感じました。朝日新聞のブランドが他のメディアのライターとともに、新しい言論空間を提供していくということですよね。

木村　朝日新聞がコントロールすることは一切ないし、編集にも関与しません。編集権は独立しています。ハフィントン・ポストは私たちにないものを持っています。それは、オピニオンを再生産する力であり、さらにそれを良質なものにするトランスフィルターの技術です。私たちはその技術やノウハウを、彼らから学んで自社にフィードバックしていくだけです。

――アマゾンのCEOジェフ・ベゾスによる、ワシントンポスト買収についてはどのようにお考えですか？

木村　ニューヨークに行って、ニューヨークタイムズやAP通信の経営陣に会った時、皆さん一様に「taken by surprise」とおっしゃっていた。「寝耳に水」だったようです。

彼らは、ジェフ・ベゾスがワシントンポストをアマゾンの流通力と合体させようとしていると見ていました。調査報道で知られた二大クオリティ紙の一つが買収され、ニューヨークタイムズもかつて買収したボストングローブを、損を承知で手放すような、ドラスティックな動きが生じている。トレンドとしては、アメリカの新聞も紙にデジタルを加えた販売収入を安定的なものにすることを目指していますが、その中で販売網の維持、整備に改めて着目する動きも出てきたようです。私たちは、明治時代から続く販売網のおかげで、広告が一気に落ちてもアメリカのようなサドンデスがすぐ来るということはないでしょう。だからこそ、改めて顧客第一主義を徹底して、ジャーナリズムを守っていきたいと思っています。

テレビとの関係強化

――アメリカと異なり、日本の新聞社は、テレビ局をグループ内に持っている点が強みですね。

木村　新聞社は、取材網と販売網、放送網という、三つのネットワークを持っています。テレビ朝日には23の系列局がある。そこに朝日新聞から社長を送り込むだけでは戦略とは言えません。今、新聞社とテレビ局の協業の試みとして、動画を使う、新しいシステムを作ろうとしています。両者の協業が本格化すれば、垣根を越えたコンテンツの大流通時代を迎えることになると思います。

繰り返しになりますが、コンテンツを研ぎ澄ませるだけで、新聞社が生き延びられるほど生やさしい時代ではないのです。デジタルへの注力も、テレビとの関係強化も、これまでのモデルに固執せずに果敢に挑戦していかなければならない。いつの日か、最大のライバルが読売新聞や日経新聞だったことを、牧歌的な、幸福な時代だったと振り返るようになるかもしれませんね。

――かなり突っ込んだラジカルなお話をしていただいて。

木村 ラジカルでも何でもないですよ（笑）。何もしないで座していては、ジャーナリズムが衰退の一途をたどりかねないという危機感の表れです。〈了〉

「新聞は、憲法で保障された表現の自由の下にあります」

白石興二郎（読売新聞グループ本社社長）

プロフィール／1946年生まれ。京都大学文学部卒業後、1969年讀売新聞社入社。政治部次長、論説委員、メディア企画局次長などを歴任し、02年に執行役員メディア戦略局長に就任。東京本社取締役編集局長、常務取締役、専務取締役論説委員長などを経て、11年より現職。

――白石さんがメディア戦略をご担当されている頃に、ヨミウリオンラインのお手伝いをさせていただきました。

白石　20年ぐらい前になりますかね。

――私も電通で新聞を15年やった後に、ネット広告を18年やってきました。当時は、ネット広告が新聞広告を抜くなんて想像もしなかったことです。それがどんどん伸びている状況ですが、僕は、新聞が社会の安定をもたらす公共財であり、新聞社が発信する情報へのニーズは衰えていないと考えます。一ジャーナリストとして、新聞の未来について、白石さんはどのようなイメージをお持ちですか？

白石　現在の情報メディアとわれわれ報道機関との、平たく言えば「つき合い方」がどうなるのか。われわれにとっても一番の関心事なので、少し長くなるかもしれませんがお話しします。

インターネットの登場

白石　私は１９６９年（昭和44年）に大学卒業とともに読売新聞に入って以来、地方支局の勤務経験はあるけれども、東京を中心にした取材報道に携わってきました。そのキャリアの中で、40代の後半に政治担当の論説委員から、急遽「電波本部」というセクションに移りました。新聞社系列のテレビ局を経営上の観点からどのように管理運営するか、各局との関係構築に改めて取り組みました。テレビだけではなく、ラジオ局、特にFM局との関係も構築しました。当時もニューメディアという言葉はありましたが、何のことはない、アナログ方式の街頭の電子看板にニュースを流すサービスを考えていた時代でした。

——そんな時にインターネットが出てきたんですね。

白石　1993年頃、アメリカの軍・学の共同研究に使用されていたインターネットが民間にも開放されることになりました。商業利用も可能になるということで、ワールドワイドウェブ、ブラウザが工夫されて、われわれもホームページを立ち上げるという時期に遭遇しました。当時、ホワイトハウスの犬の鳴き声が世界中に流れたことを鮮明に記憶していますが、20年経って、あっという間にここまで広がりましたね。コンテンツも非常に多様なものになりました。インターネットの利便性と同時に、多くの人が参加できることも大きな魅力として評価されたのではないでしょうか。

その中で、いわゆる既存のアナログメディアとデジタルメディアの協調的競争関係が鮮明になってきました。これは必ずしも対立する存在ではなくて、今言った「協調的競争」という言葉に表されるような相互補完関係です。少なくとも情報に関する限り、そういう捉え方でやってきました。

新聞の2大収入源

白石　新聞社の2大収入源である販売収入（購読料収入）と広告収入。これについては戸別配達制度のある日本と、宅配制度なしに読者層を形成してきた欧米では、経営手法が違います。広告への依存度は、日本ではいろいろな収入のリソースがあるので、読売は「販売6：広告2：その他2」という比率で考えます。アメリカは「広告7：販売3」、場合によっては「広告8：販売2」というように、広告収入の比重が重い状況でしょう。

インターネットの市場拡大で、広告マーケットにおける既存メディアの占有率は当然下がります。しかし、全体的にパイが広がれば、シェアが落ちても実績は落ち込まない、あるいは拡大できるという状況を期待しながら、現在に至っています。

経済や、日本の景気などの外的要因で、広告を出す側の対応が違ってきます。必ずしも一方的な拡大基調で来たわけではありませんが、ある程度の規模の広告市場として存在してきたし、今後も存在しうるでしょう。

――なるほど。紙は生き残ると。

白石　古代のパピルスや、羊皮紙というように、紙の機能や材質は変わっても、そのよさは変わっていません。今はデジタルペーパーのように、折り曲げたり、携帯しやすかったりする薄いディスプレイも技術的には可能だと聞いています。ただ、紙が持っている機能、素材としての機能というのは、残っていくのではないでしょうか。それを利用して情報を伝える新聞も残りうると考えています。

強調しておきたいのは、人と人との間をつなぐ情報媒体としてのメディアは、マスメディアであるか、ミニマムなメディアであるかを問わず、今後も存在し続けるだろう、ということです。

ビジネス、生活、あるいは政治上の必要性を問わず、人々にとって情報は不可欠です。それを集めて、編集し、第三者に伝えるという作業は、無くならないものですし、今までそれをやってきたのが、いわゆる「新聞社」という組織でした。

情報を集めて伝えることは、誰でもできると言われます。たしかにそのとおりですが、社会的な評価と信頼性というものも必要になります。情報の真偽を確かめて、同時にそれを第三者がわかりやすく編集・加工する価値判断を、新聞社は職業集団としてやってきました。

これまでは紙に印刷して、それを読者のもとに販売店を通じて届けていました。情報の上流から下流まで、一貫して責任を持ってやってきました。そこに付加価値をもたらして、新聞社は利益を上げてきました。

媒体が多様化すると、その下流にある印刷、あるいは配達部門が変わってきます。これまで紙に印刷していたものを、デジタル情報としてディスプレイに表示して、必要な時にユーザーが読むわけですから。

電波、通信との最大の違い

白石　もう一点、強調しなければいけないことがあります。新聞は、憲法で保障された表現の自由、それに基づく取材報道の自由の下《もと》にあります。誰でも、どこでも、いつでも表現の自由を行使でき、政府や行政側の介入はありません。ここがやはり新聞社の強みでもあったし、読者から信頼される所以《ゆえん》の一つでもありました。もちろん、すべてが自由だということではありません。やはり公共の福祉、公序良俗の枠内で報道活動に従事するのは当然のことです。

たとえば、通信の世界は貴重な公共財である電波を利用します。どうしても行政側、政府側の許認可を受けるプロセスが必要になります。そこに政府の干渉の余地があることを忘れてはいけません。これはラジオ、テレビとも同様です。

通信や放送の事業と、新聞との違いはそこでしょうね。紙でなくても、活字を載せることができれば竹切れでも何でもいいわけです。電波や通信を使わない限り、政府の介入は受けません。現段階で、多くの人に安い対価で、どこでも情報を読んでもらえる点で、新聞の長所は何物にも代えがたいものではないでしょうか。

―― たとえば、フリージャーナリストの津田大介さんは、調査報道を含めた組織ジャーナリズムがきっちりしないといけない、個人では限界があるとおっしゃっています。個人で意見は言えるけれども、裏取りもできないし、それがソーシャルメディアで一人歩きするのは、フリーとしても怖いことだと。そういう意味では、組織ジャーナリズムの雄である新聞も、どんどんソーシャルメディアの中に情報を投げ込んでいってほしい。そんなことをおっしゃっていたのが印象的でした。

白石　そうでしょうね。

―― 「発言小町」って、ソーシャルメディア以前からやってますよね。読売新聞というブランドの中で、質のコントロールをしながら、マン・ツゥ・マンの情報が流れ、それを見ることで知恵をつける。僕は「発言小町」はすごい発想だと思います。もともと白石社長の発想だとお伺いしたことがあるんですが。

白石　私だけではないんですけれども（笑）。当時は、まだパソコンというと、ラップトップで窮屈に作業していた時代でした。ただ私は、いずれ働く女性もパソコンを抱えて、自由に発言する時代が来ると考えていました。そこで、「大手町の小野小町」、つまり若い女性による井戸端会議のようなことができないか、という発想で始めました。

新聞の取材・編集の経験を持つ中堅記者が、まずは投稿をきちんと読んで、編集方針と常識の範囲に収まっているかをきちんと判断する。その上で、アップロードして、議論の場を提供する。反論も掲載する。ソーシャルネットワークの原型と言えば原型かもしれません。
エチケットやルールを、表ではなく裏側で機能させたからこそ、ここまで来ることができたと思います。フェイスブックも、ツイッターも、炎上してしまうと、それが機能しなくなる危険性を孕《はら》んでいる。そこに、「編集」という作業が必要になるのではないでしょうか。新聞にも、投稿欄や読者の声を載せるコーナーがありますが、無制限に載せるわけにはいきません。スペースや時間の都合で、取捨選択をして、編集せざるをえません。そこで必要になるのが、ジャーナリズムとしての蓄積されたノウハウや判断力だと思うんです。それが社会的に受け入れられていれば、独断と偏見という批判は受けずに、掲載基準として容認されるのではないでしょうか。

ボストンマラソンテロ事件

――昨今のツイッターを見ていると、喧嘩や炎上ばかりで偏っている。やはり行司役なり、水先案内役が必要で、それができるのはジャーナリズムしかないんじゃないでしょうか。

白石　新聞社やテレビ局で、ソーシャルメディアを使って今の動きを伝える試みを、限定的にやっているところもあります。ただし、場合によっては誤った情報を伝えることにもなります。2013年のボストンマラソンで起きた爆弾テロ事件に際しては、犯人逮捕の誤報が流れたこともありました。

リアルタイムの情報を伝えることは非常に大事ですが、編集、あるいは点検作業を怠るとかえって混乱を与えてしまいます。

――今後ネットでニュースを見るという層は増えてくるでしょう。その時に直接ヨミウリオンラインで読むのか、ヤフーで読むのかという選択肢がありますが、現状ではヤフーで読む人のほうが多いですよね。

白石　最初からヨミウリオンラインに直接ユーザーを集めて、ページビューを稼いで、広告の売り上げを伸ばすというビジネスモデルが確立できればよかったんだけれども、残念ながらそれはできませんでした。ネット広告ビジネスのパイは広がってはいるけれど、ポータルサイトを中心にシェアを奪われています。

――グーグルやヤフーは情報を制作せず、整理することで、広告につなげるビジネスです。コンテンツ制作のコストがかからないわけで、利益率は高い。

白石　おっしゃるように、情報を右から左に流していけばコストはかかりません。人件費という意味ではね。しかし、人と人の接触の中で情報を集め、真偽を確認して、言語で表現して、それを届けるということになると、どうしても手間暇がかかります。人件費には、ネットの新興勢力とは比較にならないほどコストをかけていますよ。そこが社会的な信頼性につながっているわけですから。

――一方、メディアコングロマリット経営としての強みが、日本の新聞・テレビグループ企業にはあると考えています。

白石　アメリカの4大ネットワークと新聞も、フォックスのようなケーブルテレビとマードックのグループ、ウォールストリートジャーナルも含めて、一応コングロマリットになってはいます。ただ、日本は、主要新聞社とテレビキー局、それから地方新聞社と地方テレビ局は不即不離の関係でやっています。その関係はアメリカよりもはるかに進んでいるでしょう。では、実際の取材の現場や記事の中で、テレビ局と提携した動画配信をやっているかと言うと、これはなかなか難しいものがあります。

ＢＳ・ＣＳ・地上波も含めて、新聞との提携を強化しようというのが日本の放送・新聞界の大きな流れになっています。それぞれの人的資源を活用し、蓄積された記事、映像資源も活用しようという気運が高まっていることは間違いありません。

ガラパゴス化に警戒せよ

――ワシントンポストを、アマゾンCEOのジェフ・ベゾスが買収したのも「提携」という意味では印象的でした。これからITプラットフォームがメディア事業に参入する可能性もありますよね。

白石　欧米について述べれば、イギリスは大英帝国の栄光はまだあるし、メディアもそれに乗って強い。アメリカももちろんスーパーパワーとしての力を持っています。経済的にも、政治的にも、軍事的にも世界に冠たる国家ですし、メディアも、当然国家に応じた力を持ちうるわけです。英語という国際共通語を武器にすることで、国境を越えてユーザーを獲得できる。

日本は、日本語という壁に守られている反面、外には出て行きにくいですよね。その中で、宅配制度という経営の大きな財産もあるけれども、それに安住しているとガラパゴス化を余儀なくされる。それは十分警戒しなければいけないことです。〈了〉

「編集権と価格決定権は他社に渡さない」

野村裕知（日本経済新聞社常務取締役デジタル事業担当）

プロフィール／1957年生まれ。1980年早稲田大学政治経済学部卒業、同年日本経済新聞社入社。東京編集局証券部、同産業部、ニューヨーク駐在記者、米州総局編集委員、ロサンゼルス支局長を歴任、日経ビジネス編集長、日経プラス1編集長、日経ヴェリタス編集長などを経て、11年から執行役員デジタル編成局長。12年から現職。

――日経は電子版に大きく舵を切られました。他の新聞社とは視点が違うだろうと想像します。電子版を始めてからの成果と課題について、どのようにお考えですか？

野村　私自身が紙の世界でずっと生きてきた人間で、創刊の半年前まで編集局にいて紙中心でやってきて、わからないままデジタルの世界に飛び込んだのです（笑）。電子の世界に移り、有料化して一番得たものは自信ですね。デジタルに時代は変わっても、コンテンツ企業としてやっていけるという自信です。ネット上で無料のコンテンツが氾濫する中で、お金を払って見てくれる読者が大勢いた。日経が提供する情報のバリューを改めて確信しました。

無料だった日経ネットの時代は、社内に「3割ルール」というものがあったんです。紙を10とすると、ネットに出すのは3割までというルールです。今から考えると、供給者側の仕組みで、コンテンツをコントロール配分していた。逆に言うと、全部出さなかったことで、独自コンテンツを温存したメリットもありましたが……。

のりピーが1位に

野村　ネットに掲載する3割の記事はいわゆる共通ネタでした。紙を優先するルールだったので、記者にはネットに情報を出すインセンティブがありません。編集局はネットの読者の反応がわからなかった。電子版がスタートする直前、日経ネットの日々のランキングで、のりピー（酒井法子）逮捕の会見が1位を取ったことを覚えています。

日経は経済紙で独自の専門性の高いニュースにバリューがある、と日頃言っているんですが、ネットは別世界。無料のまま、中途半端にネットに向き合うと自分で自分のバリューがわからなくなると感じました。ランキングを表面的に見ると他紙と変わらない。「日経のネットで大事な記事は経済ニュースではなく、芸能ネタなんだ」と、編集者が誤った結論を出してもおかしくない話です。

有料化という決断が現場の意識を変えたんです。どうしたら読者はコンテンツにお金を払ってくれるのか。多くの編集者が考えあぐねたと思います。ところが、電子版を創刊してみると、精魂込めた経済記事にはそれなりの反応が返ってきたり、手間暇かけた記事がロングランで読まれたり、ニュースの発信側と読み手側のキャッチボールが起こった。

当時は4000円という値段に対して非常識だとも言われたし、批判の声も多かった。私も含めて社内的にも「大丈夫かな」と迷っている中でスタートしましたが、有料でもいい記事は読んでもらえるとわかり、自信につながりました。

一つの編集局で紙と電子版を作ったのも軌道に乗った理由の一つです。それまで新聞業界には何となく紙の編集が正規軍で、ネットの編集はカルチャー遊軍路線という考え方があった気がします。世界中で、電子の編集は紙とは別のチームで行うのが普通でしたから。ネットの読者は紙とは違うという前提で、編集や記者の資源を使い分けていたのですね。ネットは検証も曖昧《あいまい》で、精度の高くない情報も許容されるだろうという考え方もありました。だけど、紙と同じクオリティで作ることからスタートしました。紙と同じようにネットの読者と真剣勝負ができるようになったんですね。

ページビューとジャーナリズム

――いわゆる「ユーザー」が「読者」に変わったという感じですね。よく読まれる記事のページビューデータが、編集整理なり、記者の方にとって励みになるのではないでしょうか。

野村　ページビューを編集局の記者に見せるのかどうかは、かなり議論しました。ただ、ページビュー主義に走るから数字を見せないというのは、マイナス思考ですよね。ページビューがどうであれ、書くべきことはきちんと書くのが本来の姿。強いジャーナリズム集団を目指そうよ、という話が編集局長から出て、私もそう思ったんです。自分たちの判断や編集方針を貫けば、数字に踊らされることはない。

――ネットではトップにセンセーショナルな記事がずらりと並ぶ。今は更にソーシャルで輻輳《ふくそう》してきますが、読まれるデータは参考にしながら、プロの目で出すべき情報、控えるべき情報を見ていくというスタンスは、紙であろうと日経電子版であろうと変わらないという姿勢ですね。

野村　読者の反応がビビッドに伝わることには、いい面と悪い面があります。だから、編集局では、記事を書いた記者へページビューを即座にはフィードバックしていません。変な言い方ですけど、キャップが丁寧に取材した原稿と、新人がちょっと書いた原稿で、（アクセス数の）逆転現象が平気で起きるのがネットの世界ですから。ページビューを稼いだ人が貴しとは、全く思っていない。

ただし、記者という仕事は、どうしてもドグマティック（独断的）になることがあるんです。自分の若い頃の話で言うと、恥ずかしながら記事が読まれないのは読者の知識不足だと思ったこともあったんです。ものすごいアロガント（傲慢な）な態度がかつて自分自身にもあった。でも、有料読者からの反応がわかることで、記者のやりがいに直結するし、謙虚にもなる。そういういいサイクルができています。

――これからは紙も読むけど、スマホやタブレット、ＰＣで新聞を読む層も増えていきます。取材の専門性だけではなく、その総合的な価値観や判断力も新聞社のブランドのコアになりますね。

野村　まさにそういうことです。私は、電子版ではスピードや速報性が命と思っていたんです。でも、蓋を開けてみると、必ずしも速報性だけが評価されたわけではなかった。むしろ、起きた事件を確認する読み物のような記事も支持されているんです。記事の深さや広さに読者がついてきてくれた。

ソーシャルメディアの登場で、ニュースはコモディティ化していますが、それは悪くないことだと思っています。コモディティ化した情報が瞬時に広がるのは、素晴らしいことです。日経のメディアとしての役割は、その瞬時に広がった情報の深掘りや解説、別個に起きた現象をつなげるところに移ってきています。一刻を争う群衆から記者が一歩引いて、違うところにわれわれの知恵を使うことが重要だとわかりました。

スマートデバイス商戦が追い風に

――日経電子版はスマホやタブレットにもうまく対応されています。スマートデバイスのインパクトというのはいかがですか。

野村　これはものすごく大きいフォローですね。２０１０年は電子書籍元年とか言われていた時期で、ｉＰａｄの発売にも重なった。

元々はパソコンベースに開発していたんですが、モバイルやスマホ、タブレット端末の発売に合わせて機能追加をしていきました。デバイス側の革新が起きるたびにサービスをエンハンスト（強化）できた。たとえば、電子版は２０１０年3月に出して、その年の9月と翌年の春のタブレットや携帯電話会社の商戦に合わせてコンテンツやサービスを変えていきました。２０１０年の10月にｉＰｈｏｎｅアプリ、２０１１年5月にアンドロイドアプリ、２

012年4月がiPadの紙面アプリというように、半期ごとにステージが上がったのもよかったなと思いますね。春と秋の携帯の商戦が節目になりました。

――それこそ2020年の東京オリンピックの頃には、電子ペーパーのようなデバイスが主流になっているのかもしれません。

野村　たとえば「若者の紙離れ」とよく言われますが、私は違う印象を持っているんです。モバイルやスマートデバイスを開発していると、よくわかるんですが。

――「活字」というのは「テキスト」という意味ですね。

野村　そう。テキストです。クオリティの高い情報に対する摂取意欲はすごく強い。デバイスが増えて、読む「スタイル」が変わっているだけで、コンテンツと読者の関係は変わっていない。電子版も、創刊した2010年は、50代が中心読者でしたが、今は若い人も相当入ってきています。それは成果として強調したいですね。

――朝日、読売は読者が高齢化して、なおかつ、若い層をデジタルでも捕まえられていないと聞いています。でも、若い層はニュースから離れていったわけではないんですね。

野村　していませんね。

――「紙で読む」という習慣がないというだけの話で。

野村　先日、フィナンシャルタイムズの方がとても面白いことを言っていた。紙とコンピュータを比べると、ずっと後に発明されたコンピュータのほうが革新的に見える。けれども、もし、コンピュータが誕生した後に紙が発明されていたとしたら、紙というデバイスの革新性にみんな驚くはずだと。紙の一覧性とよく言われますが、時代の流れに逆行するかのように、若い人に紙のよさが届き始めています。電子版から入って、新聞本紙も購読するようになった人が一定比率いるんです。あるいは、やっぱり紙がいいと戻ってくる人もいる。極端な話、紙もデバイスの中の一つだと考えています。「デジタルが増えると紙は減る」という共食いの議論は、日経の社内では消えたと思います。

フィナンシャルタイムズの値上げに学ぶ

野村　フィナンシャルタイムズは、デジタル版の有料化を始める（２００４年）前に、紙の新聞の大幅値上げに踏み切りました。「ネットの時代にフィナンシャルタイムズは強気だな」という意見もあったでしょう。でも、彼らは自分たちのブランドとコンテンツは価値があると、筋を通した上でデジタルの有料化に踏み切った。紙もデジタルも同じではないか、という考え方には非常に共感しました。

――フィナンシャルタイムズは、自らのブランド力を信じていたんですね。

野村　メディアにおけるブランドとは、コンテンツを作る時の気構えのことだと思うんです。

だから、フィナンシャルタイムズはネット広告の中でも高単価を貫くでしょう。日経もそれを目指しているので、志は一緒だと思っています。

——最後の質問です。これからも日経電子版を起点にした、日経経済圏とも言うべきプラットフォームの中でさまざまなビジネスを開発していくおつもりですか？　グーグル、フェイスブック、アマゾンといった巨大なグローバルプラットフォームと組むことがあるのか。それとも、あくまで独立した日経というプラットフォームの中での価値最大化を図るのか。二者択一できる問題ではないと思うんですが（笑）。

野村　他社との連携を排除するわけではありません。ただ、事業展開する前提として喜多（恒雄）社長から言われていることがあります。編集権と価格決定権は他社に渡さないということです。たとえば、アマゾンのキンドルなどのプラットフォームと今距離を置いているのは、価格の最終決定権が当社にないからです。その考え方にはまだ埋めがたい差がありますす。インターネットは本来、オープンでボーダレスなものですから、閉じられた日経だけの世界を作ろうなどとは全く思っていませんし、自前主義で生き延びられるとも思っていません。しかし、編集権と価格決定権を自社で持ち続けるのは大原則。われわれは読者とダイレクトなつながりを大事にしたい。日経電子版を有料でやった以上、同じサービスが別のプラットフォームで別の価格体系で見られるよ、となったら、われわれには立つ瀬がありませんからね。

〈了〉

この章の主張

ジェフ・ベゾスは、新聞社のコンテンツ力は尊重しつつ、デリバリーなどのシステムや閲覧・読者データをネットサイエンスで「新しい仕組み」に組み込み、新聞の「地図」を描き替えることを目指していると思います。

それは、アマゾンがこの十数年で得た、既存秩序を塗り替える息の長い戦略の一端です。ベゾスの描く新しい「地図」が、ジャーナリズムの社会的価値を支えるものになるのか、それとも「単なる人集めの花壇」と見なし、ページビューの換金道具に終わるのかは、まだわかりません。

ただし、グローバル規模で溢れかえる情報の真偽が定かでない時、人々の判断の指針になるのは、新聞などの組織ジャーナリズムの力です。それは余人を以って代えがたいものがあります。読者の紙離れは、テキスト離れでないとしても、新聞が「社会の木鐸」であり続けるためには、プラットフォームとの綱引きに耐えうる大胆なサバイバル戦略とともに、現場記者のスピリッツも欠かせません。

朝日新聞の関根和弘記者のロシアからの速報ツイート、古田大輔記者の特定秘密保護法のリサーチデータをフル活用したデジタル報道、毎日新聞の小川一編集編成局長の鋭いネット論説などを見るにつけ、サバイバルに対する「現場の強い意志」を感じます。

広告はクライアントの情報を伝える側面と、メディアの社会的価値を健全に維持する側面があります。その一翼を三十数年担ってきた者として、痛みを伴う「仕組み」の自主的変革を期待します。組織ジャーナリズムの機能は、情報ナビゲーターとしてプラットフォームを超越する存在として自立することが不可欠です。

この章の補足として、「出版社と流通」という観点から、日経BP社社長の長田公平氏に、また、「コンテンツとデリバリー」という観点から、慶應義塾大学特別招聘教授の夏野剛さんに、お話をお伺いしました。

新聞の強みは「宅配」という流通ルートにありますが、出版社、また携帯電話などネットメディアの視点からはどうなのかについて語ってもらいました。70ページより、コラム形式でお送りします。併せてお読みください。

インタビュー・コラム① 出版社と流通

流通ルートを握ることで、読者にとってどんなコンテンツが必要なのかもわかる

長田公平

日経BP社社長

今、社員に言っているのは、書籍の流通をすべて外資系に握られることの怖さを認識しようということです。

外資系は、やや強引なところがありますからね。「何月何日から仕様を変える」ということも、メール1本で言ってくるようなこともある。日本法人に尋ねても、「アメリカの本社が言っていることですから……」と言う。

流通を握られるということは、価格決定権も失いかねない。こうなると家電業界と同じことが起こってくる。家電は、量販店に価格決定権を握られたことが痛かったですよね。自動車業界は自分たちでディーラーを持っているから、価格は崩れなかった。

日経グループの中では日経ストアという書店を作っているわけだから、そこで独自で本をたくさん売ることを考えるべきだということを、言っているんです。

日経BPは、雑誌全体で言うと7〜8割が年間契約の直販誌です。今直販でやっていることがデジタルに代わっても、一対一の契約は変わらない。僕らは本を売っているわけではなくて、印刷されたコンテンツを売っているわけだから、それがデジタルに代わってもそんなに違いはないわけです。むしろ、印刷代や紙代がなくなって、コストが安くなる。広告も安くなるでしょうけど（笑）。

だから、直にお客様に売るルートを確保して、読者のデータや閲覧データも分析して、それも活用していく戦略です。雑誌の記事コンテンツのデータベースも自社で持っているので、その記事を組み合わせながら別冊やムックをどんどん出せるんです。他の出版社はデータを印刷所に預けているケースが多く、データを取り寄せる段階でお金がかかってしまうこともある。

そういう流通ルートを握ること

で、読者にとってどんなコンテンツが必要なのかもわかります。流通ルートと読者の顔は自分たちで握らないと、付随するいろんなサービスもできなくなります。

　今はありとあらゆる情報が溢れていて、コンテンツ力が優れているかどうかで決まる。日経ＢＰのコンテンツは価値があると思われないと、課金もできないわけですから、コンテンツの勝負です。

　日経新聞は良質のコンテンツだから、紙とほとんど同じ値段の電子版を買う人も増えていると思うんです。ネットに溢れている情報と違うのはそこです。

　雑誌にしても本にしてもデジタル化は進むでしょう。ただし、文化や公共性という部分にある程度お金をかけないと、良質なコンテンツが維持できなくなる問題も出てくるでしょう。日本は文化を守ろうというポリシーが希薄だから、アメリカの言いなりになってしまいかねない。アマゾンは現在、電子書籍については日本の消費税を負担していないのでこれは問題です。

　あとは、日本のメディアの最大のポイントは、どうやって海外に出ていくか。そこはやはり遅れています。電通の直近の決算を見ると、海外比率が連結で40％を超えている。今、業績のいい会社は、海外比率が高い会社とほぼ連動するわけです。国内のマーケットを見ても縮小するに決まっているわけだから。そういう時代なんですよね。〈了〉

プロフィール／１９５０年生まれ。自由学園最高学部卒業後、１９７２年日本経済新聞社入社。東京本社編集局に配属後、76年〜85年日経マグロウヒル社（現・日経ＢＰ社）へ出向。95年東京本社編集局産業部長、06年常務取締役、07年から日本経済新聞デジタルメディア社長を兼任、09年日本経済新聞社専務取締役・クロスメディア営業担当。

インタビュー・コラム② コンテンツとデリバリー

グーグルはiモードに学んだ

夏野剛
慶應義塾大学特別招聘教授

今までのメディアには、大きく二つの役割がありました。

一つは制作や編集により生み出されるコンテンツという側面。

もう一つが、配信や配達というデリバリーの側面。

これまでは、「新聞のコンテンツ＝新聞配達」「テレビのコンテンツ＝地上波放送」というデリバリー・メソッドによって届けられていました。ところが、今はインターネットによって、そのコンテンツ＝デリバリー・メソッドという前提が壊されつつある。それが時代の潮流であるにもかかわらず、フォーマットを意識しすぎた制作・編集をやっていて、すごくもったいないんですよね。

これまでは、そのデリバリー・メソッドそのものがビジネスモデルになっていたんですが、今は違う。

グーグルはあらゆるフィールドでビジネスをやっていますよね。たとえば、ユーチューブで配信する人がきちんとお代を回収できる仕掛けを作っている。それを、テレビや紙の世界にも広げようとしていますね。要はプラットフォームを提供して、「作りたい人はお好きなフォーマットでご自由にどうぞ」というやり方。

そうなると、プラットフォームがお金を搾取し過ぎるという話になるけれど、それはお金の取り過ぎではなく、これまでのメディアのコストがかかり過ぎていたということ。新聞を戸別宅配しなくても読める仕組みがあるのに、今も宅配というモデルにこだわっているからコストがかかるんですよ。

今はコンテンツを作っている人からすると、テレビでもネットでも紙でも「出口」はどこでもいいはずなんですよ。というか、今の放送業界、出版業界、新聞業界という括り自体がデリバリー・メソッドの話ばかりで、コンテンツの話をしても意味がないという状態になっちゃってる。消費者にとっての価値（＝コンテンツ）をほぼ無視して議論してるんですよね。

まず、番組や記事や誌面といったコンテンツが、誰に対してどんな価値を持っているのか、そして価値を最大化させるためには、どうデリバリーするべきなのか。そこを議論すべき。

昔エリック・シュミット（グーグル会長）も、「ｉモードのようなことをやりたいが、携帯電話メーカーからも通信業者からも協力してもらえない」ということを言ってましたよ。

ｉモード以前の携帯電話メーカーは、（通話機能だけの）ダム端末を作っていれば十分ビジネスとして成り立っていたわけ。ＯＳだのメーラーだのブラウザなんて、リスクを取って開発はできないってこと。で、通信業者は通信業者で、メーカーが作ってくれないのにリスクは取れないという話になっていたらしい。

当時から、日本のガラケーのグーグルへのアクセスはものすごく多かったんです。だから、今でもグーグルのガラケー向けのサービスって、すごい充実してる。Ｇメールとか、すごい使いやすいですよ。小さい画面だから電池も食わないし（笑）。

そういう話があって、エリック・シュミットは、グーグルを世界に広めるためには、自分たちでＯＳを開発するしかないってことになったんですよ。

だったら、ソフトも全部無償で提供しようってことで、アンドロイドが生まれたんです。〈了〉

プロフィール／1965年生まれ。早稲田大学卒業後、1988年東京ガスへ入社。95年ペンシルベニア大学経営大学院（ウォートンスクール）卒業。ベンチャー企業副社長を経て、ＮＴＴドコモへ入社。「ｉモード」「おサイフケータイ」などの新たな多くのモバイルサービスを立ち上げた。05年ＮＴＴドコモ執行役員、08年に退社。近著に『ビジョンがあればプランはいらない』（中経出版）など。

第3章

ニュース売ります買います

ヤフー・ニュースとページビュー

パソコンを立ち上げて、ブラウザのホーム画面でニュースを知ることも増えてきました。ヤフーをブラウザのホーム画面に設定している人が多く、ネットで知るニュース＝ヤフトピ（ヤフー・ニュース）であるとも言えます。

しかし、ヤフーは自らを「メディア」だとことさらに言うことはありません。あくまで「課題解決エンジン」と自らを規定して、ユーザーの情報ニーズに応えるポジションを目指しています。ヤフーのメインコンペティターはグーグルですが、楽天やアマゾンとも競合するビジネスを展開しています。

ヤフーの強さは、その日本最大の集客力（ページビュー）を武器に、ジャンルごとに有力メディア企業とパートナーシップを展開するところにあります。決して自らのオリジナルコンテンツにこだわることなく、ユーザー本位の「解決エンジン」になる――そこには徹底したプラットフォーム哲学を垣間《かいま》見ることができます。コンテンツとその流通を分離させたモデルと直販モデルの併用で燃費の効率化を目指す、ハイブリッドエンジンのようなものです。そのエンジンのガソリンとなるのが、ヤフー・ニュースから生まれる膨大なページビューです。結果、圧倒的な広告媒体力も生み出す。その仕組みはニュースの流通経路の提供のみならず、情報選択機能を持つ新しい「メディアブランド」だと私は考えます。

ヤフージャパンの産声

今から18年前。日本にインターネットビジネスが上陸すると同時に、ヤフージャパンは産声をあげました。ソフトバンクが、アメリカのヤフーのメディアモデルを「時間差経営」で日本に導入したことに端を発します。当時はアナログ回線で、ヤフーのトップページが画面に表示されるまで数分かかり、おそよ「メディア」と言えるものではありませんでした。私が担当していた広告面でも、極めて実験的なもので、まずはバナー広告を掲示することからスタートしました。当初はバナーからリンクされるホームページを持っていないクライアント（広告主）も多く、バナーの概念を説明することから始め、認知していただくまで数年を要しました。そのヤフージャパンの広告を売るために、孫正義さんが電通のトップに掛けあってジョイント・ベンチャーとして生まれたのが、サイバー・コミュニケーションズ社（ｃｃｉ）で、後に私は電通から転籍し、ＣＥＯとして指揮を執ることになります。

当時のヤフーは、ニュースや生活情報を提供するアグリゲーション機能を主とするポータルメディアを目指して立ち上がりました。後に、オンラインショップやオークションが加わり、課金代行モデルが確立されましたが、当時はあくまで広告収入をメインにするメディア。ヤフーとｃｃｉの若い社員たちが広告規格・広告価値指標を作り、クライアントにはネット広告とは何かを説明行脚《あんぎゃ》することから始まりました。若き広告マンたちはテレビ草創期と同じような志を持っていました。

ヤフー立ち上げ以前から、朝日、毎日、日経、読売の新聞各社はインターネット上でのニュース配信について、アメリカのサンノゼ・マーキュリー・ニューズ紙などを参考に研究していました。各社ともに現在の電子版新聞の原型を、ほぼ同時期に立ち上げました。収入構造は主に広告。紙の新聞を整理して、オンラインで配信する形でしたが、速報など紙を補完する機能も内包されていました。課金型モデルで、紙以上の付加価値を持つネット新聞サービスは、それから14年後「日経電子版」の登場を待たねばなりません。

新聞社サイトは「副産物」に過ぎなかった

ネットメディアが日本に上陸して数年は、ポータルサイトと新聞社のニュースサイトが拮抗してページビューを集めていました。しかし、次第にヤフーなどのポータルサイトにユーザーの支持が集中していきます。その要因は、新聞社のニュースサイトが記事の再録の範《はん》疇《ちゅう》を超えられず、部数維持の目的から詳細な記事の配信を控えていたところにあったと思います。紙の新聞のしがらみに縛られた「副産物」に過ぎなかったニュースサイトに対して、ヤフーはユーザーの欲する情報やサービスを迅速に提供していくことで勝負していきました。

オークション、中古車、不動産、旅行、金融――あらゆる生活情報を提供する機能が装備されて、従来のマスメディアの枠外のプラットフォームとして成長します。そこに検索機能が加わるのだから、鬼に金棒。

新聞社によるニュースサイトが、あくまでニュースや論説の提供という狭義のメディアビジネスに固執したのは、それだけマスメディアのビジネスが堅牢であり、新規参入障壁が高く、専門人材組織としても完成されていたからです。

そのような背景もあり、ヤフーは戦う土俵を変える戦略を取りました。

ただし、それまでもリクルートの「とらばーゆ」（80年創刊）、「フロム・エー」（82年創刊）などに代表される、きめ細かな生活情報サービスへのニーズは高かった。80年代から、人材や不動産などのかつて新聞広告が担っていた分野をリクルートの情報誌に侵食されていた状況は、新聞が自らのメディアモデルを過信し、読者の情報ニーズの変化への感度が鈍かった結果だと言わざるをえません。

ニュースで人を呼ぶという発想

ヤフーはさらに戦略的なサイト構築を続けます。

生活情報にとどまることなく、新聞社・通信社・出版社・テレビ局から請け負ったニュースを、「ヤフー・ニュース」「ヤフー・トピックス」というトップページで提供することに注力したのです。この戦略は、いかにして最も広告価値を生み出すトップページに人を呼び込むかという発想から生まれました。

読者が何かを調べたい時に訪れるサイトではなく、定期的に訪れるサイトにする。

そのためには何をすればいいのか——？

ヤフーは試行錯誤の中から、一つの答えを見つけたのです。

とりあえずヤフトピ

ネットはユーザーが自分の知りたい情報へ最短で到達する、いわゆるプル型のメディアです。新聞や雑誌など、メディア側が選んだ情報群にユーザーが触れるプッシュ型メディアとは違い、あくまで情報選択の権利はユーザー側にある。

この原理ゆえ、単一ページにアクセスが集中するモデルは生まれにくいのです。検索機能が発達するにつれ、その傾向は顕著になります。グーグルはそのユーザーの「知りたい」欲求を利用してデータベースを構築し、無料の検索機能を提供することで広告モデルを作り出しました。極めてインターネット的な「プル型」のビジネスモデルだと言えます。

ヤフーはこのプル型ビジネスモデルに、マスメディアの持っていたプッシュ型の要素を取り入れました。ネット上のマスメディア的存在を目指し、トップページではこれまでの新聞やテレビや雑誌などと同等の広告収入を取りに行くと同時に、さまざまな生活情報に、トップページ経由でアクセスしてもらう構造を作り出しました。

その最大の武器が「ヤフトピ」でした。

ニュースは24時間365日提供されるリアルタイムコンテンツです。このニュース情報を、信頼される新聞社から受託して、再編集して常時提供する——。これが、トップページへのアクセス頻度を高めるとともに、情報の信頼性を担保することにもなりました。

オフィスのパソコンを立ち上げて、とりあえずヤフトピを見る人も多いと思います。

この「とりあえず」「何となく」ヤフーのトップページを眺める習慣を作り出したことが、ヤフー一人勝ちの礎《いしずえ》になっているのです。

ニュースの価値をインターネットで最大限に活用しているのは、マスメディアではなくヤフーである。

これは日本のメディア史で特筆すべきできごとです。

そのネットメディアにおいてニュースとはどのように編集されているのか、そして、その信頼性と公共性について、この章では考えてみます。

まずは、ヤフー・ニュースの現場を覗いてみます。

「公共性の高いニュースには、見出しだけでも触れてもらいたい」

伊藤儀雄（ヤフー・ニュース編集責任者）

プロフィール／1982年生まれ。東京大学経済学部卒。2005年中日新聞社入社。名古屋本社整理部を経て、愛知県瀬戸支局、富山支局で警察、司法、行政を担当。09年5月にヤフー株式会社入社。ヤフー・ニュース「トピックス」の編集に携わる。11年10月からニュース編集部リーダー。トピックスの編集統括のほか、ニューストップページのリニューアルなどに関わる。

――ヤフー・ニュースの現況と、24時間どのように編集作業を行われているのかお伺いできますか。

伊藤　1996年にサイトをスタートしまして、直近の実績で言うと、全デバイスで月間約80億ページビューですね。約1億4000万ユニークブラウザがあります。150を超える報道機関と情報提供契約を締結しており、1日3500本以上の記事を配信しています。現場担当は約25人。私もそうですが、今までは新聞記者、放送局など元マスコミ関係者が大半を占めていました。最近は異動や新卒で入ってきた者もおりまして、いわゆるマスコミ経験者は半分ぐらいですね。年代は30代が中心で、24時間4交代のシフト態勢です。

――編集部という名称をとっているわけですね。

伊藤　そうです。配信されるニュースの中から、重要なニュースを人の手で選び、トピックスという形に編集してトップページに掲出しているのが編集部です。配信されるものがすべて自動的に入ってくる「ニュース」の中に、人間による編成で厳選された「トピックス」があるという位置付けです。

――選別はどのようなやり方で？

伊藤　まずは記事をピックアップします。3500本の中から価値の高い記事を選び、記事では伝えきれない情報を補強するために、関連サイトを付け加える。そして、13文字の見出しで表現する。ここまでは一人でやる作業です。その後、チェックを受けて、掲出するというフローです。

一人が全ジャンルを担当

――政治、経済、芸能というように、ジャンル別の担当者がいるんでしょうか。

伊藤　一人が全ジャンルを担当します。と言いますのも、24時間態勢ということは夜勤があるわけです。夜勤は一人で勤務しなければならない場合もある。そういう時間帯は一人ですべてを編集するので、全ジャンル対応できるようにしています。

――いろんな分野のリテラシーが高くないといけませんね。
伊藤　そうですね。とにかく幅広い情報に触れるようにしています。すべての分野のニュースがある程度わかった上で、この人はスポーツ、あの人は政治経済というような得意分野も出てきます。
――ヤフトピの編集は、人間がやっていると。ページビューは意識されていますか？
伊藤　ページビューはリアルタイムで見られるようになっていて、常にチェックしています。どの見出しがどれだけ読まれているのかが全部わかるわけです。当然読まれていないものは差し替える検討をしますし、読まれているものはそのまま引っ張ることもありますね。ただ、公共性の高いニュースは、たとえ読まれなくてもある程度の時間は掲出しています。
――いわゆるストレートニュースは、エンタメ系よりもページビューは少ないけれども、掲出すると。
伊藤　ストレートニュースでも、注目度の高い選挙や事件事故など読まれるニュースは読まれるんですよ。ただ、たとえば国際政治の話であるとか、マクロ経済の話とかは、比較してみるとやはりページビューは少ない。けれども、公共性の高いニュースなのできちんと出すんです。
――意図的にジャンルのバランス、総合性にこだわっているんですね。
伊藤　公共性の高いニュースには、見出しだけでも触れてもらいたい。スポーツやエンタテインメントは、当然読まれるわけですが、それをクリックする時に他の見出しも見てもらって、公共性の高いニュースが起きていることを知ってもらいたいという意識はありますね。

――その意識の背景には、ジャーナリズム的な、公共メディア的視点があると考えていいんでしょうか。

伊藤　はい。おそらく読まれるニュースだけを並べれば、短期的にはページビューは上がると思うんです。ただ、それだと何か重要な事案や災害があった時に、きちんと公共性の高いニュースが出ているという認識を持っていただけなくなってしまう。それでは長期的には信頼されない。どんな時でもヤフー・ニュースを見れば重要なニュースが出ているという意識をユーザーに持っていただくためにやっています。

「意識調査」のわかりやすさ

――意識調査もタイミングよく出されていますよね。テーマ設定も編集部でやっていらっしゃるんですか？

伊藤　編集部の中でやっていますね。

――意識調査のテーマ設定にはどのような基準があるのでしょう？

伊藤　ニュースを理解してもらう一助としてやっているところが大きいです。あるニュースのどこが論点なのか、どこが焦点なのか、どこに意見の相違があるのかが、質問形式にすればわかりやすくなる。その結果を見ることで、世の中がどういうふうに感じているのかもわかるツールなんです。

――この手法は、データジャーナリズムに近いと感じました。

伊藤　元々、ニュースコンテンツを楽しんでもらうための一つとしてできたコーナーで、ジャーナリズムを意識したコーナーではありませんでしたが、データを生かしてわかりやすく見せる取り組みは、もっと発展的にできるかもしれません。

――ヤフー・ニュースとしての論説・社説のようなコンテンツは作らないのでしょうか?

伊藤　それはないですね。ヤフーとしては、あるニュースに対してAという考え方とBという考え方があるということを、あくまでご紹介する立場なので。多様な意見をご紹介して、議論を喚起したり、活性化させることがわれわれの使命だと思っています。

――ヤフー・ニュース個人も、今のメディアの中では新しい試みですね。

伊藤　コンテンツや趣味嗜好が多様化してきて、いろいろなコンテンツに触れられるようになりました。ブログやツイッターなどで「個人」の意見もたくさん消費されています。ただ、ヤフー・ニュースとして、その消費サイクルに関われていないところもあったんです。そのような個人の意見を消費しているのは、比較的ネットリテラシーの高い方々だともある。そういうネットの使い方をしていない方々にも、個人の意見や情報発信に触れられる機会を、既存のニュースコンテンツの消費動線の中でワンストップで提供しようという思いで始めました。

――かつての朝日論壇のような、ヤフー論壇が形成されていくこともありえます。人選はどのように?

伊藤　ニュースの編集部を中心として、専門的に情報発信をしている方々をリストアップして、順次お声掛けしています。

――最後の質問です。パソコンからスマホの時代になり、ニュースの見方は変わりますか?

伊藤　接触回数が増えたことでよりリアルタイムになったことと、興味関心がよりパーソナルになり深くなったことがあると思います。その中でも「ニュースと言えばヤフー」というパソコンと同じニュースの起点となる地位を築きたいと思っています。スマートフォンならではの見せ方を追求していきたいですね。〈了〉

新しい論壇の誕生となるか

ヤフー・ニュースは、いわゆるソーシャルメディアの登場で可能になった「個人による情報発信＝マンメディア」領域にも広がりを見せています。

ソーシャルメディア的要素も組み込んだニュースサービス「ヤフー・ニュース個人」。その書き手は「ヤフー・オーサー」として、ヤフーの責任で選ばれています。誰でも投稿できるソーシャルメディアとは一線を画し、かつてマスメディアが作っていた「論壇」的ポジションを担う可能性もあります。

これまで書き手一人の力ではなしえなかった数十万ページビューベースの情報発信を提供するヤフー・ニュース個人は、ヤフーが初めて主体的に運用するメディアの萌芽《ほうが》かもしれません。

ヤフー・オーサーとしても活躍されるITビジネスアナリスト・大元隆志氏にその手応えを聞きました――。

「ヤフー・ニュース個人の、180万という影響力は段違いなんですよ」

大元隆志（ITビジネスアナリスト）

プロフィール／通信業界で設計・提案・企画を14年経験。「ITの潮流から時代の変化を読み解く」ことを得意とする。「ヤフー・ニュース個人」「ZDNet」「IT leaders」などさまざまなメディアで執筆、MCPCアワード審査員も務める。『ビッグデータ・アナリティクス時代の日本企業の挑戦』（翔泳社）など著書多数。

――ヤフー・ニュース個人の、読者からの反応はいかがでしょうか？

大元　これまでヤフー・ニュース個人に書いた中で、一番読まれたのはｉＰｈｏｎｅについての記事で１８０万ページビューほどでした。コメント数は30～40でしたが、ツイート数は１０００ほど。フェイスブック上の「いいね！」の数は１万くらいになりました。

――いい記事が取り上げられるとページビューが集まる。これは、マンメディアとしていい仕組みですね。

大元　僕はソーシャルメディアでフォロワーを増やそうと、自分の記事を読んでくれた人を逐一検索して、リツイートしていました。ただ、それではどんなに頑張っても5万ページビューくらいなんですよ。はてブ（はてなブックマーク）がついたとしても、せいぜい10万ページビューくらい。ＢＬＯＧＯＳもやっていましたけど、「読まれたな」と思っても、10万から20万ページビューくらいかな……。ヤフー・ニュース個人の、１８０万というページビューの影響力は段違いなんですよ。１００万ページビューを超えると、ラジオやテレビの出演依頼がきたり、マスメディアへの動線を獲得してくれることもある。今まで自分がせっせとやっていた、ソーシャルメディアのつながりとは雲泥の差がありますね。

ＢＬＯＧＯＳで記事を書いて、１万ページビューを目指すには、刺激的なタイトルをつけるか、刺激的な内容を書かないと難しかったんです。ヤフー・ニュース個人の場合は、ヤフトピという仕組みの力で読ませることができる。炎上狙いではない、純粋に伝えたいと思って書いた記事が、ヤフトピに取り上げられれば何百万人の人に届くんです。

――これは新聞や雑誌における論壇の代わりを果たす可能性があるんじゃないでしょうか。人も厳選しているし、ヤフーならではのバランス感覚もある。

大元　そうですね。あとは、本を出すとした場合、出版社側に「これは売れる」という確信がなければ出版にこぎつけることはできないですよね。でも、ヤフー・ニュース個人は、書く前の段階で「売れる」「読まれる」ことにあまり左右されないのも特長かもしれません。純粋に「これは世の中に必要な情報だ」と思って書いた記事が、ヤフトピのメインに出て、結果的に人が集まる。マスメディアも最近は数字至上主義になって、現場の方たちもすごく悩まれていますよね。世の中全体がマーケット志向になってきている中で、ヤフー・ニュース個人の仕組みの力は、世の中に何かを伝えたい思いを持つ書き手にとって、なくてはならないものですね。〈了〉

ヤフーの責任感

プラットフォームメディアとしての信頼確保に、相当のコストをかけてきたヤフー。ニュース記事以外でも、オンラインショッピング、オークションなどのｅコマースや、掲載する広告でも厳しい情報審査を行ってきました。

ヤフー発信の情報は、ヤフーが責任を持つ。背景には、メディアの公共性への強い意識があるようです。その意識をヤフー副社長の川邊健太郎氏に伺いました。

「原発問題をどのように伝えるのかが、日本のメディアの試金石だった」

川邊健太郎（ヤフー株式会社副社長）

プロフィール／1974年生まれ。1998年青山学院大学卒業。大学在学中にインターネットベンチャー「電脳隊」を設立、代表取締役に就任。00年にヤフー株式会社と電脳隊、PIMの合併に伴い、ヤフー社員となる。モバイル、社会貢献事業、政治、ニュースなどの事業担当を経て、09年に子会社GyaOの社長に。12年より現職。

――ヤフーは、ポータルサイトを日本で確立されました。マスメディアに並ぶ、非常に信頼の置けるメディアとしてユーザーも接しています。特に「ヤフー・ニュース」は「信頼」の象徴だと考えています。川邊さんはネットを含めたメディアの変化をどのようにお考えですか？　また、ヤフーの企業価値と、その価値を担保するものは、どのように変わっていくのでしょうか。

川邊　この20年ほどの日本のメディアを俯瞰《ふかん》すると、①マスメディア、②ポータルサイト、③ソーシャルメディアという三つの分野があります。

①の、既存のマスメディアに関しては、コンテンツとコンテナが一体となった仕組みで、排他性が高い。たとえば、日テレで特ダネとして報じられたニュースが、フジテレビで流用されることはありません。一方で、多様性は低く、夕方6時のニュースを見れば、取り扱うニュースの順番から内容まで横並びであることがよくあります。そんな中、既存のマスメディアがインターネットを使うようになった。情報を出す場所が一つ増えたということです。

そして、②のポータルサイトが登場します。既存のマスメディアの情報を整理して提供することを始めました。ヤフーにも「ヤフー・ニュース」と「ヤフー・トピックス」という二つのサービスがあります。

ヤフー・トピックスは、既存のマスメディア出身の人間がやっているので、目利きの力にはある程度自信を持っています。ユーザーからも、ヤフーが選んでいるんだから安心できるという、ある種の信頼感が生まれてきました。結果として、既存のマスメディアに伍すほどの方たちに見てもらえるようになりました。記事は全く書かず、情報を整理編集して、ユーザーに提供するという、既存のマスメディアとは全く違う運用形態を取っていました。

そんな中、2005年くらいから③のソーシャルメディアが誕生しました。ブログとSN

Sがそれにあたりますが、これはネット登場以降のメディアの最終形態だと思います。組織ではなく個人が情報を出すソーシャルメディアを見る時は、自分で情報の真贋《しんがん》を見極めなくてはならず、独特の緊張感がありますね。そのような状況で、われわれは、ヤフーが選んでいる「信頼感」「安心感」を引き続き提供していきたいと思っています。

信頼性と効率

――「信頼」というのは重要なポイントですね。ヤフーは信頼があったから、あれだけのページビューと、ネット広告において圧倒的なシェアを取れた。ヤフーを見ていれば、ある程度安心して社会生活を送ることができるところがヤフーのブランドですね。

川邊　そうですね。社会の信頼性であり、効率のよさもあるんじゃないかと。２０１１年３月11日の東日本大震災直後に、ネット上にはいろんな情報が流れました。一つの確証を得るまでに、いろんなブログやツイッターを見て回ると何時間もかかることもあったと思うんです。でも、ヤフーのトップページに行けば、とりあえずは何らかの情報が出ていて、２～３分で確証に近い部分に触れることができる。そういう意味で、効率がいいのではないでしょうか。

――メディアの一つの役割は、事実を取材・裏取りして、報じること。もう一つの役割は、ニュースを価

値付けして、ユーザーに出すべき情報を整理することだと考えています。そういう意味で、ヤフーを「メディア」であると分類しているんですが、よろしいですか？

川邊　そうですね。これまでは、僕たちはコンテンツを作っているのでもなければ、社説や論説を主張しているわけでもない。だから、僕たちはずっと「ヤフーはメディアではない」という定義付けをしていました。

以前、ヤフー・ニュースにはアドバイザリー・ボードという制度がありました。そこで、池上彰さんや佐々木俊尚さんといった外部の識者のご意見を定期的に伺っていたんです。その中で印象的だったのは、「ヤフーの定義付けなんてどうでもいいんだ」ということでした。ユーザーの受け止め方がすべてで、少なくとも今のユーザーはヤフーをメディアとして捉えているというご指摘でした。もっと責任感を持ってほしいというエールにも似たご意見でした。たしかに言論機関ではなくても、ニュースを整理して編集している。これはユーザーから見ると、まぎれもなくメディアでしょうね。

原発問題が試金石だった

――ヤフー・ニュースと連携した意識調査も面白いですね。既存メディアの世論調査と違って、「福島第一原発の観光地化」「特定秘密保護法案」などのお堅いテーマもあれば、「本田圭佑はＡＣミランで活躍でき

る?」というエンタメ系の設問もある。回答が数字として出てくるので、世の中の声を代表する側面もありますね。マスメディアの情報を整理する一方、個人の情報を整理する特性も出せますね。

川邊　非常に鋭いご指摘ですね。ポイントは二つあると思っています。一つは福島の原発問題ですね。ヤフーに限らず、あの問題をどのように伝えるのかは、日本のすべてのメディアにとって試金石だったと思うんです。これは僕の個人的な認識ですが、既存のマスメディアは影響力の大きさを鑑《かんが》みたせいか、その報道は概ね抑制的だった。そこで何が起きたかというと、既存のマスメディアやポータルを飛び越えて、一気にソーシャルメディアに世の中の関心が集まりました。情報へのニーズは刻一刻と変わっていき、既存のマスメディアが追い切れない、出してもくれないことで、隣人（個人）に話を聞くようなことが起こった。われわれは、ソーシャルメディアほど細かく追えなくても、何も言わないマスメディアの姿勢も違うのではないかと考えました。国からSPEEDIの情報が出されなかったので、ドイツで報じられた予測を出したり、いろいろと踏み込んだ情報を取り扱ったつもりです。個人の感想ですが、ヤフーでその情報を扱っていた人は無自覚だったかもしれないけれど、クリック型のメディアであるヤフーはそこまで自重することなく、ページビューが多い割には、特定の分野をタブー視することなく、自由にやれている。日本の国民の間尺《ましやく》に合った、等身大のテーマを扱うことができているんじゃないかという気がしています。

ビッグデータの時代へ

川邊　もう一つのポイントは、ヤフーでは今ビッグデータレポートを一所懸命やっているんです。これまでコンテンツは作りません、自らの主義主張はありませんというスタンスでしたが、データジャーナリズムが出てきて、ヤフーの資産である検索データを使えば、世の中の意見を整理できることに気づいたんです。ただし、論説委員を作ってヤフーの定性的な主張を出すような形ではなく、「検索データではこのように出ています」というトーンにとどめています。既存のマスメディアと干渉することもなく、逆に新聞社の取材を受けることもありました。

――ページビュー至上主義に対してはどうお考えですか。

川邊　たとえば新聞は、一つ一つの記事への読者反応やデータが取れません。テレビの視聴率も大枠では有用だったかもしれませんが、本当の意味でのユーザーの反応やデータが取れるようになったのはネット以降だと思うんです。特にそれをマス的に取ることができたのは、ヤフー・ニュースがはじめてでした。その数字を詳しく見ていくと、みんな芸能ネタが大好きだということがわかるんです（笑）。意図的に芸能ニュースを出さずとも、ラインナップに1本あるだけで、人はそちらに流れていく。歴代ダントツのページビューを叩きだしたのは、「のりピー」騒動の時で、あれを超えるものはないというのが現状です。

――パーソナライズを目指す新しいニュースサービスも増えてきています。

川邊　グノシーやスマートニュースのようなニュースサービスが出てきているので、先日ユーザーリサーチをやってみました。その結果、新しいニュースサービスはパーソナライズしてニッチ化していますが、ユーザーはそこまで自分にカスタマイズされたものは望んでいないとわかりました。「みんなが見ているニュース」を見たいというのがとても強いんです。その「みんなが見ているニュース」には、芸能だけじゃなく、政治や経済など真面目なものもある。日本人はまともなのだと思いました。

――ソーシャルメディア企業は、自らをプラットフォームであると言いますね。そこに流れる情報は、それを見るユーザーの責任で、チェックコストをほとんどかけていない。これは広告審査も含めてなんですが……。ポータルとソーシャルメディア、簡単に比較できるものではないんですが、これまでのお話を伺って、ヤフーというポータルには強い責任感があると考えていいですね。

川邊　ヤフーには既存メディア出身の人も多いですし、メディアについての議論は自ずと起こります。特にヤフーのトップページは、われわれにとって一丁目一番地ですから、ヤフー・ニュースのブランドへの意識も強い。ビジネス面でも、ヤフー・ニュースがあるからユーザーが来てくれることはまぎれもない事実なので、しっかりとコストをかけてやっていき

ます。〈了〉

無料化と信頼性担保

このインタビューの直後、ヤフーはオンラインショップの出店料と手数料、オークション出店料の無料化を発表。eコマースジャンルで後塵を拝する、楽天やアマゾンへの対抗戦略を発表しました。これによって、ヤフーへ参画する企業や個人にとってハードルは低くなりました。しかし、繰り返しますが、ヤフーのメディアとしての価値は、その信頼性にあります。

その信頼性がこれまでのように、きちんとコストをかけて担保され続けるのか、注視したいと思います。

ニュース群雄割拠時代

メディアの信頼は蟻の一穴《いっけつ》で崩れます。一度信頼が崩れれば、ヤフー・ニュースを支える1次情報メディアも広告主も、情報を出さなくなりなります。厳しいインターネットビジネスの中で一人勝ちしてきたヤフーも、ソーシャルメディアの台頭やスマホの登場といった環境変化に対応していますが、その基盤にある「課題解決エンジン」としての総合性・信頼性を担保し続けられるのかの正念場にあります。

「とりあえずヤフー」のパワーを支える、ヤフーのトップページ。このトップページの構造は、かつて日本のケータイにコンテンツ流通を生み出した「iモード」も同様です。ガラケーを中心にiモードは飛躍し、世界初のモバイル広告メディアとしても機能しました。しかし、スマホの登場により、その世界秩序は激変。iモードの牙城《がじょう》が崩されるまで、わずか数年というタームです。

一方、LINEはスマホに特化したコミュニケーションサービスとして、国内で約5000万ユーザーに普及。ヤフーが15年以上かかって構築したユーザーを、わずか2年で獲得しました。

グリーやDeNAというソーシャルゲームの両雄も、コンプガチャ問題やスマホ対応の一瞬の遅れが命取りとなり、「パズドラ」などのスマホアプリに後塵を拝することになってしまいました。これまたわずか3年のできごとです。

数年、数カ月というスピードで変化する群雄割拠の時代、ヤフーが最も力を入れるニュースサービスにも大きな変化が起こっています。

レコメンドエンジンやソーシャルメディアのデータを活用して、ユーザーの興味に沿ったニュースをピックアップして提供する「スマートニュース」「グノシー」「フリップボード」

といったサービスが登場し、人気を博しています。

たとえば、スマートニュースは、ヤフー・ニュース同様に、既存メディアが提供する1次ニュースを再編集するスマホアプリです。自分の好きなジャンルの記事をクリッピングすることもできますし、政治、経済、国際などジャンルを分けた新聞のような記事閲覧もできる。自分にリコメンドされる情報だけではなく、いわゆる「よく読まれている記事」にも触れることができます。

既存メディアからの情報提供と、その対価としての送客によって成立していますが、そのコンテンツ権利関係や収益配分モデルはこれからの課題として残されています。

その記事選択のアルゴリズムは、わずか10人程度のベンチャー企業によって作られています。スマートニュース株式会社の執行役員、藤村厚夫氏にその仕組みについてお話を伺いました。

「よく読まれているものが上位にくれば、よいコンテンツが見えてくる」

藤村厚夫（スマートニュース株式会社執行役員 事業開発担当）

プロフィール／1954年生まれ。法政大学経済学部卒。株式会社アスキー（当時）で書籍および雑誌編集者、ロータス株式会社（現日本IBM株式会社）でマーケティング本部長などを歴任。00年株式会社アットマーク・アイティを創業。技術者向けオンラインメディア「@IT」を立ち上げる。13年よりスマートニュース株式会社執行役員として、「SmartNews（スマートニュース）」の事業開発を担当。

――スマホの利用者が拡大する中、なぜこのタイミングでスマートニュースというサービスを立ち上げられたんでしょうか。

藤村　元々は、弊社代表の浜本階生というエンジニアが、ベンチャー投資を行っていた鈴木健とともに、２０１２年に創業した会社です。浜本は中学時代からプログラミングに魅せられたエンジニアです。良質な情報をユーザーに届けること、良質な情報がユーザーとつながる場作りをめざしています。

――良質という定義は、信頼に足ると言い換えることもできますね。

藤村　そうですね。良質なコンテンツとは何か。たとえばグーグルだとページランクで証明しようとする考え方ですよね。数多くリンクされているページは価値のあるものだという命題によって、良質なコンテンツを導き出す発想。これは、一つの方法論でありますが、本当にそれで良質なコンテンツを定義できるのかどうかは、これから変わっていくのではないでしょうか。

ツイートの中の情報を収集

――私は、機械的なアルゴリズムで選別されたコンテンツが、逆にソーシャルの中に投げ込まれることによって、可視化され、選別されていく二重のろ過装置が働くと考えています。

藤村　たとえば、ツイッター上のツイート（つぶやき）は、われわれ外部の人間も取得しやすい仕組みになっています。現在、ツイートは140文字のテキストにとどまらず、写真や記事へのリンクURLなどさまざまな情報が含まれています。開発者の浜本は、そのリンクURLを含んだツイートに着目し、それを収集しました。世界中の膨大なツイートの中で、URLが含まれているものを拾い出し、以後、各種の評価軸によって篩《ふるい》にかける。72時間の間で、ユーザーが注目している記事をリアルタイムに分析できるモデルです。ある事件が起こったとして、それが世の中の人に届く重大なものなのかを予測し、スマートニュースのトップに出すことができる。「経済」「国際」「政治」「エンタメ」というように自動的にジャンル分けして、注目度の高さを重み付けして、上位を配信する形です。

――リンク情報を徹底分析しているんですね。

藤村　そして、11のカテゴリーで、各種の重み付けをして拾い出します。カテゴリーを分けないと、悪貨が良貨を駆逐するケースも出てきます。芸能やスポーツに比べると、政治や経済のような堅いカテゴリーのボリュームは少ないですが、よく読まれているものが上位にくれば、埋もれずに、よいコンテンツが見えてくると考えています。カテゴリーを分けないで、絶対量の大きい記事が絶対量の少ない記事を駆逐するデータの使い方だと、いささか間違った世界観というか……。

――悪《あ》しきページビュー主義になりますね。

藤村　そういう危惧も出てきます。

ニュースを見るモチベーション

――スマートニュースは、新聞もしくはテレビのニュース番組に近い特性を持っているんですね。

藤村　その意識はあります。検索するのとは違って、自分が探していないものとの偶然の出合いが、ニュースを見るモチベーションになると思っているんです。自分の好きなものだけに触れるのも気持ちいいかもしれませんが、発見は少なくなってしまう。スマートニュースの仕組みは、多くの人に読まれていることが担保になっていますが、それだけだとニュース以外のコンテンツも入ってくる。だから、あまりに下世話なニュースなどを削ぎ落とすフィルターは作っています。

――パブリッシャー（コンテンツホルダー）とは、どのように共存されるのでしょうか？

藤村　パッケージとしてコンテンツを考えるメディアの方は、コンテンツがパッケージから切り離されることに抵抗がありますよね。それは私も出版社出身なのでよくわかるんです。……と言いながらも、ユーザーファーストの視点で言うと、ユーザーはパッケージされていないニュースへの自由な選択を求めるようになってきています。今まで取り逃がしていた読者に届くという効果もありますし、既存のパッケージではない、新しいコンテンツ流通を誰かが担わないといけない。今、スマートニュースでも「チャンネルプラス」という取り組みをしています。これはユーザーの選択により、媒体ブランドごとにチャンネルをインストールして見ることができる。たとえば、経済ニュースの「ロイター」チャンネルを設けましたが、信頼される媒体ブランドへのニーズを再確認しました。

――ユーザーが総合性を求めても、ジャンル性を求めてもいい。読む時間も自由であり、メディアブランドへのロイヤリティがあればそれも選べる。ユーザーオリエンテッドなニュースというか、情報発信のあり方を追求されているんですね。

藤村　おっしゃるとおりですね。昔、お茶の間で見ていたテレビも、今はスマホやワンセグといった電車の中でも見られるものになりました。「お茶の間で見るもの」とメディア視聴の文脈を規定するのではなく、ユーザーに合わせて情報発信することで、これまでの市場が再活性化することにもなると考えています。

〈了〉

この章の主張

「制作力」「流通力」「マネタイズ力」だけでなく、これからのメディアにとっては「利用者コミュニティの構築力」「コンテンツ利用データの収集・活用力」という新しい資産を守ることが必要になってきます。

グーグルやヤフーといったプラットフォームや、スマートニュースのようなアグリゲーションメディアとの関係性が重要になってくるでしょう。

これまでマスメディアは、垂直統合的にコンテンツエコシステムを自己完結していましたが、インターネット上ではヤフーやグーグルのような情報流通プラットフォームやアグリゲーションメディアとの関係をいかに築いていくかが重要戦略となります。

ユーザーがその利便性や習慣性から、プラットホームやアグリゲーションメディアを活用し、欲しい時に、欲しい情報を、欲しい場所で得るアクションは確実に拡大していきます。ソーシャルメディアを通じて、間接的にメディア情報に接する機会も増大します。

その時、このコンテンツメディアと情報流通プラットホームがｗｉｎ‐ｗｉｎの関係をいかに築くか――これがコンテンツメディアが継続的に生き残り、コンテンツを作り続けられるかのエコノミックな条件になります。

また利用者データベースやコンテンツ閲覧データを、コンテンツプロバイダーがどれだけ確保できるのかということも、ビッグデータ時代のメディアビジネスには不可欠な条件です。「制作力」「流通力」「マネタイズ力」だけでなく、これからのメディアにとって必要な資産として、「利用者コミュニティの構築力」と「コンテンツ利用データの収集・活用力」が加わります。プラットフォームは、そのオープン性と裏腹に極めて独占的な選択機能やデータもあわせ持った存在です。

今後もマスメディアビジネスやコンテンツビジネスへの影響力は増大していくでしょう。プラットフォームの掌の上でメディアが踊らされる事態も否定できません。

しかし、スマホの急速な普及などのイノベーションは、そのプラットフォーム間の世代交代や競争環境も生み出します。その中で常にコンテンツとプラットフォームの関係に重力変化が生じる時代です。デジタルニュースにおけるヤフー一強時代が、スマホネイティブの時代を迎えどう変化していくのか、まさに現在進行形で綱引きが行われています。

第4章

テレビはオワコンか？

テレビが売れない

音楽、映画、書籍、新聞、テレビ——既存メディアの競争相手は、同業他社だけではなく、クラウドを中心としてマネタイズを図るプラットフォームであることは否定できない現実です。そして、そのプラットフォーム間でのグローバルな覇権競争も激しさを増しています。家電量販店では、テレビやパソコンの売れ行きが下がり、スマホやタブレットが基幹商品になりつつあるそうです。その売れ筋の変化は、プラットフォームとそれぞれのクラウドサービスの拡大に基づく構造変化だと捉えられます。

新聞社が同業他社と熾烈な販売競争を繰り広げている間に、ネットでのニュースサービスはヤフー・ニュースの一人勝ち状態になってしまいました。集客力、コンテンツの流通力、マネタイズ力を持ったプラットフォームが、あっという間にトップに立つのがインターネットの特性だと言えます。

「バルス」と「倍返し」の衝撃

2013年はテレビの変化を感じられる1年でした。

8月2日に日本テレビ系列で放送されたアニメ『天空の城ラピュタ』では、主人公が唱える「バルス」という呪文に合わせて「バルス」とつぶやくユーザーが続出。同日23時21分50

秒には1秒当たりツイート数が過去最高の14万3199に上りました。また、TBS系列で7月から放送されたドラマ『半沢直樹』も、9月22日の最終話で42・2％という視聴率を記録。TBSメディア総合研究所の氏家夏彦社長は、この半沢現象について、「7月1日から9月30日までの『半沢』関係のツイートが450万件あったそうです。ロンドンオリンピックの時のツイート数が400万件で、それを超えている。最終回だけで91万件のツイート数というから、まさにお化け番組ですよね」と語ります。コンテンツの強さに加えて、ソーシャルメディア上の話題として共有されたことで、視聴率にも拍車をかけることになりました。

ネット上では「テレビはオワコン（終わったコンテンツ）だ」という意見もあります。視聴率は漸減しており、特に若者のテレビ離れは深刻です。また、タイムシフト視聴も当たり前の現状です。

しかし、ひとたび火が点《つ》くと、インターネットを通じて強烈な「共通話題」となり、あっという間にその人気が拡散されます。そこには、テレビを見ながらスマホをいじる（スマホ片手にテレビを見る）、いわゆる「ダブルスクリーン」の影響もあるかと思われます。つまり、テレビはインターネットと親和性が高いメディアであるという見方もできます。

コストをかけた信頼できるコンテンツが、「放送」というプラットフォームによって、しっかりと囲い込まれている。その結果、新聞や雑誌という既存メディアと全く違った存在感を見せています。

スマートテレビとｉモード

音楽、映画、書籍、新聞、テレビという既存メディアの中でも、テレビは圧倒的な排他性を持ったクローズドメディアです。その結果、視聴率というメディア価値指標も、１９５４年にＮＨＫ放送文化研究所が、１９５５年に電通が調査を開始して以来、仕組みそのものは大きく変化することなく維持されています。広告メディアとしても、そのリーチ力（広告到達力）は他のメディアの追随を許しません。しかし、そのクローズドなテレビの牙城に少しずつ迫る動きが出てきています。

スマートテレビの登場です。

パナソニックが２０１３年秋に発表したネット接続型テレビは、初期画面で「テレビ視聴」と「ネット閲覧」をリモコン選択できるモデルです。ネット上の４Ｋ動画をそのままの解像度で視聴できたり、ハイブリッドキャスト放送にも対応できるというように、新しい「情報端末」に進化しています。これによって、テレビで見るコンテンツは「テレビ番組」だけではなくなります。これまでテレビが独占してきたシステムが一部開放されたとも言えます。

私はテレビの現況を見るにつけ、「ｉモード」のことを思い出さずにはいられません。世界初のモバイルコンテンツのエコシステムを作ったｉモード。その初期画面はＮＴＴドコモのユーザーだけに提供されました。非常にクローズドな仕組みという意味で、テレビ同様の独占性、排他性を持っていたがゆえ、ガラケーにおいて圧倒的なメディアパワーを発揮しました。第2章の夏野剛氏のインタビュー・コラムにあったように、グーグルのエリック・シュミットは、アンドロイドのシステムを作る上でｉモードを相当研究したそうです。しかし、ｉモードという画期的なモバイルプラットフォームも、瞬く間にスマートフォンのオープンプラットフォームの波に飲み込まれてしまいました。一瞬の遅れが致命的なエラーになり、少しでも空隙《くうげき》を見せれば命取りになる。

ネットのプラットフォームやエコシステムとの競争は、全く気を抜くことができないものです。

日本のテレビ局は、オープンで多チャンネル化していくネット時代に、どのようなコンテンツの出し方をしていくのでしょうか。

フジテレビの亀山千広社長は、２０１３年5月、社長就任に向けての会見で、「テレビを消して、それ以外のメディアに行っている人たちに向けてチャレンジしないと

（視聴率競争にも）勝っていけない」という発言をしています。「それ以外のメディア」とは、ネットメディアのことでしょう。亀山社長に、その真意を伺いました。

「プラットフォームを持つというのも選択肢の一つ」

亀山千広（株式会社フジテレビジョン代表取締役社長）

プロフィール／1956年生まれ。早稲田大学卒。1980年（株）フジテレビジョン入社。最高視聴率36・7％を記録したドラマ『ロングバケーション』や『ビーチボーイズ』『踊る大捜査線』などをプロデュース。また映画事業局長として『踊る大捜査線』シリーズをはじめ『海猿』シリーズ、三谷幸喜監督作品、『そして父になる』などの映画製作を手がける。『踊る大捜査線　レインボーブリッジを封鎖せよ』は実写邦画歴代興行収入1位。13年6月代表取締役社長に就任。

――他のマスメディアと比べて、テレビというメディアはネットの影響を受けていないという印象を受けます。亀山社長は就任時に「人の今を映していかなければテレビじゃない」というお話をされました。これからのテレビはどうあるべきだと思われますか？

亀山　全くわからないですね。お聞きしたいぐらいです。長澤さんのほうが詳しいんじゃないですか（笑）。

――テレビ局には、放送というプラットフォームの側面と、コンテンツ制作の側面があると思います。

亀山　フジテレビは、基本的に昔からとてもコンテンツを大切にしてきました。〝ワンソフト・マルチユース〟という考え方は、すでに90年代から言ってきたことで、今はそれを実現しているだけです。ただこれからどうなるのかは、僕にとっても全く未知の世界。

かつては、視聴率というものは国民の総意だと僕らは信じていた。ただ、いわゆる「コンテンツ」という言葉が前面に出始めた頃から、実はちょっと「……？」ってなってきているところもある。視聴率８％で50億稼ぐ映画があれば、30％取っても10億稼げない映画もあるわけです。もちろん視聴率も興行成績もいい映画もあるわけですが、こんなこと僕が言っちゃいけませんけど、果たして今の世帯視聴率は何を表しているものなんだろう？――と。少なくともコンテンツそのものの本当の価値、総合力を表しているものとは素直に思えないのは正直なところです。

視聴率の取り方

――単純な番組リーチとマネタイズの関係性が変化してきている？

亀山　民放地上波は要するに「ＣＭをいかに見てもらうか」で成立するビジネスだから、当然ＣＭをたくさん見てもらえる視聴率の高いコンテンツがほしい。となると、データだけから言えば、50歳以上の方に受けるものを作ればいいという話になりますね。なぜなら、今の視聴率サンプルの年齢構成だと、たとえキッズからティーンＦ１（女性20～34歳）、Ｍ１（男性20～34歳）、Ｆ２（女性35～49歳）、Ｍ２（男性35～49歳）とすべての層でトップを取っても、Ｆ３（女性50歳～）、Ｍ３（男性50歳～）を取れなければ世帯視聴率では勝てないのですから。じゃあ、その視聴率トップが果たしてクライアントさんが本当に求めている結果なのか？　昨今僕らには疑問が湧いてきているところです。

一方で、フジテレビ系だけでも、地上波、ＢＳ、ＣＳと3波ある。これ、全部放送ですよね。その3波をいかにうまく使って、ビジネスチャンスを作っていくか、最大利益を生み出すか。それを考えていかなければテレビの未来はないのは明らかです。

地上波は無料で、ある意味コンテンツの訴求力は一番ありますが、その企画中身やターゲット設定などは、先ほど言ったようにどうしても世帯視聴率に左右されますよね。さらには広告会社さんは「スポンサーに高いお金をもらっているのだから、まず地上波にコンテンツを」ともおっしゃいます。でも、単純に視聴率を最大にすることだけを考えたら、一番初めに地上波にコンテンツを出さないほうがいいという発想だってある。

僕は映画をやってきた人間で、まずは映画館でお客さんに観てもらって、次がCSやBSで有料放送する。そして最後に無料の地上波で流すというスキームをずっと続けてきました。そしてそれは現状とてもうまくいっている。じゃあテレビドラマはどうだろうと考えた時に、たとえば極端な話、最初にCSの有料放送で観てもらい、少しずつ世の中で話題になって「これはいける」となった時に、無料の地上波を使ってさらに認知を高め、その後に映画にする、という流れだって考えられなくはないわけです。つまり、広告媒体として、いわゆる〝ブースター〟として地上波を使うという考え方ですね。CSなのかBSなのか地上波なのか、はたまたネットを使うのかはその時々で考え選択すればいい。

でもこれは、コンテンツベースで考えれば、というあくまでも仮定の話です。実際には地上波放送がベースですから、そういうわけにはいかない。地上波は、僕らがどうやりたいかだけではなく、広告会社さんやクライアントさんが何を求めているのかということもとても大切な要素ですし。そもそも無料放送は放送収入で成り立っているわけですから、僕らだけの独りよがりな答えではダメですよね。

メディアとの「距離」で戦略を立てる

亀山　僕の持論なんですが、メディアはその視聴する時の距離で「30センチ」「3メートル」

「30メートル」で分けることができるんです。新聞は「30センチ」メディア。ネットやスマホも同じですね。「3メートル」メディアは、今のところテレビ以外には存在しない。「30メートル」メディアというのは、いわゆるイベントですね。たとえば映画館のスクリーンと観客の距離、スタジアムのピッチと観客の距離、あるいはコンサートとかね。

その中でも「30メートル」という距離は、自宅では決して体感できないわけです。その「30メートル」メディアの場所にわざわざ足を運んでもらわなければいけない。たとえば、札幌ドームを満員にしようという目標であれば、全国ではなく札幌で放送する。そのコミュニティを狙えばいい。また、映画館に5万人お客さんを動員しようという目標であれば、地上波で全国に宣伝する必要は全くなくて、ピンポイントに届くところを探します。たとえば、深夜のローカル番組にコアな層がいるとわかれば、そこにパブリシティを出せばいい。ゴールデンタイムは無視してもかまわないという発想になるわけです。それを僕はやり続けてきた。テレビをどう利用するか、ネットをどう利用するか——すべては家から外に出てもらうため、劇場に来てもらうために、すべてのメディアをどう使うのかを考えてきたんです。

コンテンツベースで考えるということは、たとえばそういうことなんです。AKB48のビジネスも同じですよね。「会いに行けるアイドル」としてある程度話題になったタイミングで、テレビに出てきた。でも、テレビに出るようになっても、ちょっと出てすぐに劇場に戻る。あとは、プロモーションビデオをネット上に大量に置くというやり方で、あれだけのビジネスになった。テレビはあくまでスポンサーさんと同じような使い方ですね。テレビの訴求力は圧倒的だから、ある程度の話題性という火種さえあれば、爆発的に火が点くことになるわけですよ。

――コンテンツの生み出す価値の最大化へのルートが、多様化してきている環境変化ですね。

亀山　今も圧倒的なリーチ（到達力のある）メディアとしてテレビは存在している。コンテンツを売ることを考える時には、どういうターゲットにリーチが必要なのかでメディアを選べばいいのですが、今はそうではなく逆に、視聴率という、テレビ、それも地上波側の指標に合わせてコンテンツを選ばなくてはならない。これだとインターネットに負けていきますよ。

ネットは、言葉は悪いですが、商品さえ揃えばあとはシステムを作った人が一人勝ちするビジネスなんですよね。でも、商品であるコンテンツを供給する側の視点で言えば、そこに至るまでのさまざまな調整、権利クリア、経費、制作リスクなどを考えると、まだまだビジネスとして成立していません。だから、現時点ではまだ積極的にコンテンツを供給する体制にはなっていない状況です。だとすれば、今は、テレビ放送という強力なシステムを自分たちは持っているので、放送でコンテンツを出していく。しかも地上波だけじゃなく、ＣＳも

BSもあるから、まずはその3波を考えて僕らは売っていく、ということになりますよね。

地上波は最後に?

――しかし、その3波離れも起こりつつある現実では、コンテンツ価値の機会損失が生まれないでしょうか?

亀山　でもね、たとえば4000万円×10回、合計4億円かけて新しいドラマを作るとしましょう。それをまずはコアファンの構成比が高いCSから出していく。何ならネットでもいい。地上波は一番後、一年後に出す。これはコンテンツベースでは正しいことですよね。だけど、今の民放地上波のあり方は、先ほど申し上げたように、放送収入がベース。そこで誰もがwin‐winの関係を作るためのテレビのあり方を考えた時、性急にコンテンツベースでの考え方を押し付けてはダメだと僕は思っている。

あと、ずっと言っているのですが、そろそろ地上波テレビの評価軸において「人数」の話をしてもいいんじゃないかと思うんですね。ネットの何百万ダウンロードとか、何千万ページビューという数字に比べて、テレビは15とか20とか二桁の数字で、分母の100を超えることは絶対ないんです。それって悲しくなりますよ(笑)。だから、今の視聴率では測れないですが、いったいどれくらいの人がこの番組を見たのかを出してみませんか? と。たとえばHUT（総世帯視聴率）が65％だとすると、５０００万人、６０００万人が見ていたと単純には言えませんが、少なくとも数時間で同時に数千万人を間違いなく集めているわけです。そんなメディアは他にありますか？

――たしかに、テレビは「視聴率」というパーセンテージ、ネットは「ページビューないしユニークユーザー数」という人数に基づく数字の出し方なのに、比較されている。当然、視聴者を全数調査すればテレビは圧倒的に強いはずです。

亀山　でも、その数字を言えない仕組みに今はなっているんですよ。だから、電通さんだったら、こういう本をお書きになるんだったら、テレビの未来を僕なんかにお聞きにいらっしゃるんじゃなくて、むしろそういうところに一緒に危機感を持ってほしいんですよ（笑）。放送収入の最大化、テレビメディアの価値向上を考える上で、テレビはどうあるべきかを考えた時に、実はネットと比べても視聴人数が圧倒的ならば、そして他の競合メディアにない圧倒的な訴求力があるのなら、それをよりアピールしていくという選択肢はないのか？　それがブランド力であり、メディアパワーです。そのブランドをどう作るのか、そのメディアパワーをステークホルダーの方々にどうご理解いただくかは、それこそ僕らの考えるべきことだと思う。そういう意味で、ご質問にあった「これからのテレビはどうあるべきか」ということで言えば、テレビの価値の再評価、価値基準の再構築という道筋を作らない限り、このままでは市場のシュリンクは避けられないと思います。

『そして父になる』、ヒットの理由

―― それに、時間の問題もありますよね。ヤフーのトップページにしても滞留時間は10秒単位の世界。一方テレビは、時間の面でも圧倒的な強さがある。たしかに、ネット広告は、効果分析や売り上げ分析ができるので科学的に見えるんですよね。テレビはリーチがあることはわかっているのに、その効果が分析しにくい現状です。テレビのパワーがある今のうちに、新たな分析をするための指標を作らなければいけませんね。アメリカはそうなりつつあります。

亀山　そのとおりです。また映画の例になってしまうけど、『そして父になる』は、是枝裕和監督と福山雅治君の話題作とはいえ、当初は全国60スクリーンほどで公開して、カンヌに出品できたらいいなくらいに思っていた作品なんです。作家性は強いものの決して奇をてらっていない作品が、300スクリーン、32億という興行成績になったのには、カンヌ映画祭で賞を取ったことはもちろんですが、そのことがテレビで話題となったことが大きく貢献していると思います。

カンヌでの受賞がニュースとしてじゃんじゃん報じられたことで、「とにかく見なければいけないもの」になったわけです。もちろん中身は非常にしっかりしている映画です。でも、それを「見なければいけないもの」にすることができたのは、テレビのリーチ、訴求力の強さが、間違いなく大きな要因だったと思います。これがもしネットを使って、同じように「見なければいけないもの」になるには、相当な時間が必要だったでしょう。

こうした圧倒的な訴求力、メディアパワーをテレビが持っている間に、次の方向性を出していくしかない。

――またネットには、１次コンテンツが少ないですよね。そして、メディアに対するロイヤリティも希薄です。今までミクシィを使っていたけれど、ＬＩＮＥが出てくればすぐに乗り換えるような「便利だからいい」という考え方です。テレビの視聴者は、番組、あるいはテレビ局へのロイヤリティがある。それは、何十年もかけて培われてきたものだと思います。私のようにネットをやっていた立場からすると、そのロイヤリティはとてもリッチだと思うんです。それが１００％、マネタイズしきれていないところがあります。

お客さんをテレビに戻す仕組み

亀山　ここからはテレビのあるべき姿についてお話ししますね。

冒頭言われたように、日本のテレビ局って、制作会社を内包したインフラなんですよ。特にフジテレビの場合は、三十数年前からコンテンツ制作能力を高めようと一所懸命やってきた。自前のコンテンツを作る能力のある人間を何人も育ててきました。元気があったりなかったりする時期はありますが、彼らが作った番組コンテンツが、テレビというインフラを通じて放送される。彼らは優秀なクリエイター、コンテンツ制作者であるから、テレビ以外のインフラでも自由にやってもらって、いかに会社に還元しマネタイズするかを僕らは必死に考えてきました。

たとえば映画はそうでした。製法がさほど変わらないと同時に、お客さんを変える必要もない。テレビのお客さんを劇場に呼び込めばいいんだという発想で作り始めた。さらには、劇場というインフラもすでにあった。要はコンテンツのみの供給でお金が入る。劇場からの収入だけではなく、DVDやブルーレイ、オンデマンド、最後は地上波放送というような回収の糸口もたくさんある。だから非常にビジネスを組み立てやすかったんです。

それを今テレビに当てはめて考えています。たとえば番組コンテンツの一部分を抜き出して、10週分集めて一つのパッケージにする。あるいは、ある番組のコーナーをゲーム化する、というようなビジネスですね。ただし、パッケージにせよ、ゲーム化にせよ、その情報を得るために、あるいはその番組への興味でもって、最終的にはお客さんたちがテレビに戻ってくる仕組みを作らないといけないと思っています。

――コンテンツ価値のエコシステムが、テレビ中心に有効に機能している環境ですね。

亀山　あとテレビって、家庭の中に入り込んでいるわけですよ。朝起きたら、何となく習慣でピッとテレビを点ける。それは、「めざましテレビ」かもしれないし「あまちゃん」かもしれないけれど、「生活の一部」としてリズムを作り始めるんです。時計代わりになっていたり。昔は「お茶の間」という言葉でしたが、今は「生活の一部」と言うべきでしょう。

そう考えた時に、今のタイムテーブルがはたして正しいのか、どの世代の「生活の一部」であるべきなのかを考えなくてはいけない。ひょっとしたらお年寄りの方たちの「生活の一部」になっているのは、夕方4時からの「相棒セレクション」なのかもしれないんですよ。ゲートボールを終えてお家に帰って、「水戸黄門」のように安心できるいい意味でマンネリズムの「相棒セレクション」を見る。残念ながら、僕らのブランディング、強みはそこではないんですが。その「生活の一部」という考え方でテレビというものを見た時に、ネットはある種のライバル関係というか、むしろテレビと同じカテゴリーにいるという感じがしています。

3波＋ネットの旨味

——ネットはこれからコンテンツのディストリビューションのチャンネルになってきます。それも良質なコンテンツじゃなければマネタイズはできません。そして、データのハンドリングも組み合わせていかなくてはならない。コンテンツと、そこから得られる視聴データ、ユーザーデータを一体化して、ユーザーにど

れだけベストなものを提供できるかという時代になるはずです。特に若い層は、スマホ、テレビという垣根はなくなってきていますから。

亀山　僕はうちのグループにITセグメントがあってもいいと思っている。ホールディングス傘下に入れるかどうかという意味ではなくて、3波＋ネットがあれば、ひょっとしたら将来的に1粒で4回、5回美味しいという構図ができあがってくるかもしれない。そうなると、一つのコンテンツにさらにお金をかけられます。

――ただ、その5回めを他社のプラットフォームを使うのはもったいないですよね。僕は、テレビ局がIT企業、ITプラットフォームを買収してもいいんじゃないかと思う。そうしないと、利鞘《りざや》を抜かれるだけになってしまいます。特にアメリカ資本に。

亀山　もちろん考え方としては、プラットフォームを持つというのも選択肢の一つとしてあるとは思います。コンテンツ自体から得られる収入は少なくても、プラットフォームそのもののキャピタルゲインで利益が出るという構造もないわけではないですから。でも、いくら立派なプラットフォームを、お店を作ったところで、並んでいる商品ラインナップに魅力や、何よりその店で買う（会員になる）動機がないとダメなんです。結局コンテンツなんですよ。おっしゃるように今の人たち、特に若い人たちは、それが地上波だろうがCSだろうが、またテレビだろうがPCだろうがスマホだろうが全く意識していない。面白いもの、興味あるものを、自分の見やすいデバイス、環境で観る。ただそれだけです。

であれば、極論すればプラットフォームが何であろうが関係ない。言い古された言い方かもしれませんが、まずは強いコンテンツを作ることです。そしてその視聴機会をできる限り多様化し、視聴者、クライアント、広告会社、誰もが納得できるマネタイズスキームでもって、そのコンテンツの価値を最大化すること。それに尽きるんじゃないでしょうか。

――それもやはりテレビが強いうち、見られているうちにやらないと。

亀山　そう、今やらないとダメだと思います。今しかないですよ。〈了〉

チャンネル権も今や……

アップルは「ＡｐｐｌｅＴＶ」、グーグルは「クロームキャスト」というように、テレビをネット端末に変えてしまうサービスも登場しています。また、無線通信環境の飛躍的向上によって、スマホやタブレットで見る映像コンテンツも質の高いものになっています。こうなるとさまざまなデバイスによって、映像コンテンツの視聴者獲得競争が始まります。映画館で見るものだった映像コンテンツは、テレビの出現により家庭（お茶の間）でも見ることができるようになりました。そのテレビが一人一台状態になり、各々の部屋でそれぞれ好きな番組を見られるようになりました。家族のものだった「チャンネル権」が、個人のものになったのです。しかし、それはあくまでテレビというデバイスの中での変化でした。これからテレビは無数のデバイスの中で、その変化に遭遇するのです。

前述した東京大学の橋元良明教授の調査によって、10代のスマホユーザーはソーシャルメディアやブログ／ウェブサイト利用に次いで、動画視聴を楽しんでいることがわかっています。おそらく、そのほとんどがユーチューブやニコニコ動画のユーザーだと思われます。

ユーチューブは、映像コンテンツの集合知メディアと言うべき、オープン性の高いメディアサービス。一方、ニコニコ動画は、ユーザーによる生中継と参加型視聴によって特性を生んだサービスです。

最近では選挙の際の党首討論（候補者討論）に使われることもあり、さまざまな会見の生中継も行っています。メディアに載りきれないコンテンツや人材に、情報発信のチャンスも提供しています。ニコニコ動画というメディアが管理しているものの、そこでの主役はあくまで発信者と視聴者だというスタンスです。ニコニコ動画は２００６年に、ドワンゴの子会社であるニワンゴによって立ち上げられました。川上量生氏は、ニコニコ動画の理念を、「パーソナリティがリスナーからのコメントを交えながら番組構成していくラジオ番組のネット版」（２０１３年11月15日、日テレ　ＪｏｉｎＴＶカンファレンス２０１３での講演より）と語ります。

コンテンツと制作者の開花の場にしたい――そんな川上氏の主張に耳を傾けてみましょう。

「今テレビの代替品になるものはないし、今後も生まれないと思います」

川上量生（株式会社ドワンゴ会長）

プロフィール／1968年生まれ。京都大学工学部卒業後、ソフトウエア専門商社に入社。同社倒産後の97年、ドワンゴを設立。00年に代表取締役会長に。06年には、子会社のニワンゴで「ニコニコ動画」を開始。11年よりスタジオジブリに見習いとして入社し、鈴木敏夫氏のもとで修業。株式会社KADOKAWA取締役も務める。

――今のページビュー主義や、オークション形式での価格の決め方、アドテクノロジー（テクノロジーを駆使した広告）を使った広告とコンテンツを切り離したマネタイズのあり方について、どうお考えでしょうか。

川上　要はプラットフォーム事業者による「窃盗モデル」ですよね（笑）。みんな「アップル税」や「グーグル税」といって「アップルから手数料を30％抜かれた」と明確に取られる部分を問題にしていますが、問題はそこじゃないんです。

ページビューがお金に換算されるインターネット広告モデルの問題点は、コンテンツが検索されたり話題になると、そのコンテンツを提供している企業ではなく、検索サービスやその話題を載せている別の業者のページビューになってしまうところにあるんです。これではコンテンツ事業者は成り立たない。

ページビューによる広告収入は「コンテンツに関する何らかのメンションがあったものは、メンションされた側に収入の一定割合を支払う」というようなルール設計がなされていればいいと思うんですが、今の状態だと、インターネット全体に7～8割ほど持っていかれるんですよ。残りの2～3割でコンテンツを作れと言ったって、端《はな》から無理な話ですよね。このインターネット全体に「ページビュー税」が課せられていることを、何でみんなもっと問題にしないいんだろう?

Huluの可能性

――たしかにコンテンツへのリスペクトがその恩恵を受けている割には低い。

川上　僕は理系、それも化学の出身なんで、どこが平衡状態になるのかを考えるんです。となると、コンテンツがページビューベースの収益で成り立つということはありえない話。もう一つ、Huluやネットフリックスのような、定額制動画配信サービスも長期的にはありえないモデルだと思っているんです。もちろん、ありえないと言ってもある程度継続する可能性はあるんですが。

Ｈｕｌｕは、映画やドラマという既存のビジネスモデルがすでに成立している状態でスタートしたものですよね。映画やドラマというコンテンツの「1次収入」があるという前提で、さらにネットで「2次収入」を得ませんかということでやっているビジネス。あくまで「2次収入はウチで」やりましょうと提案しているのが、Ｈｕｌｕなどの定額制動画配信サービスなんです。それは「2次収入」というよりは、インターネットによる寄生のモデルです。パッケージなどの1次収入が減っている状態で、プラットフォーム事業者は2次収入だけを得ようとしている。コンテンツ制作側にはマイナスなんです。

――あくまでプラットフォームが胴元として、コンテンツ制作サイドへ君臨する構造ですね。

川上　結局は、コンテンツを作るお金がどこから出るのかという問題に帰着する。そう考えると、パターンとしては、Ｈｕｌｕのような定額制動画配信サービスが自らコンテンツを作り始めるということが考えられます。自前のコンテンツを持った定額制動画配信サービス。

テレビ局だってそうですよね。結果的には自前でコンテンツを作るモデルになっていった。

テレビの代替品は生まれない

――「対テレビ」を考えた場合、いわゆるスクリーンを奪い合う現象が起こると思われますか？

川上　切り口によって、その答えは変わると思います。単純に時間単位で見たら、ネットに費やす時間とテレビを見る時間が食い合うことも発生するでしょう。

ただ、本当に競合して、奪い合うことになるのか？　テレビのようなプッシュ型の機能を、ネットは構造として持っていません。共通の話題を提供する、人と人がつながるメディアとして、今テレビの代替品になるものはないし、今後も生まれないと思います。だから、テレビがなくなることはない。ただ、テレビの役割のある部分をネットが持つことはあるでしょうね。

ある部分とは、自分の友達とつながりたいというようなパーソナルな領域。ローカルなコミュニケーションの場はネットに移行する。パブリックな共感の場はテレビが持ち続ける。大きく分けるとそういう棲《す》み分けになると思います。

――いつまでもそのような棲み分けが成立しますか？　ユーザーのコンテンツニーズの変化も大きい。

川上　コンテンツ側からすると、テレビは単純に枠が少なすぎるんです。それがテレビ局の利潤を生み出しているんでしょうが、同時につけこまれる場所にもなっている。

たとえば、ニコニコ動画では将棋中継や「はやぶさ」帰還中継をやりました。将棋の対局を8時間中継し続けることは、今のテレビにはできない。テレビというマスメディアからこぼれるところを、ニコニコ動画がすくい上げる状況にあるんです。「何でBSでやれないの?」という話もあります。BSでやって人気が出ることもあると僕は思うんですが、そういうコンテンツが今ネットにきている状況ですね。

ITの人たちはずるい

――ユーチューブポリシーと、ニコ動ポリシーは全然違うと川上さんはおっしゃっていますよね。

川上　ユーチューブもグーグルもアマゾンも、すごく戦略的にやっていますよね。アマゾンは既存の流通網を全部壊して、その後独占企業になって、残存利益を目指すという戦略を明確に持っていると思うんですよ。

それはユーチューブ、グーグルも同じです。テレビや映画のような既存のパッケージコンテンツや、メディアを潰そうと考えていると思うんです。潰すというか、弱らせた後に、自分のものにしようという戦略。

ユーチューブは全世界共通のハードディスクレコーダーであるといろんな人が言うけれど、そういう側面は長期的に見るとコンテンツを作る人たちを弱らせますよね。その一方で、自分たちのところにはページビューを集めている。グーグルもあれだけ賢い会社なんだから、コンテンツをなくそうとは思っていない。ただ、タイミングを見計らっている。弱らせてからだと。

ＩＴの人たちって基本ずるいんで、新しいマーケットを作るよりは、既存のマーケットをどうやって乗っ取るのかという考え方でやっているんですよね。アマゾンは流通を乗っ取るという形、グーグルはテレビ局などのコンテンツ流通メディアを全部乗っ取ろうとしています。それが彼らの作戦じゃないですかね。

――ニコニコ動画は、企業・団体向けに提供していた「ニコニコチャンネル」を「ユーザーチャンネル」という形で、月額課金機能を使って個人ユーザーに開放しましたね。コンテンツのマネタイズを最大化させるというニコニコ動画の考え方がよくわかるサービスでした。これは個人であろうと企業であろうと、インキュベーションするプラットフォームでありたいという一つの決意表明だったと。

川上　いや、あんまり難しいことは考えていないんですよ。僕は難しいことを考えているように思われがちなんだけど、実は単純なことしか考えていない。今回の「ユーザーチャンネル」は、エコシステムを作りたいということです。

どういうことを目指しているかというと、たとえば吉本興業に所属する芸人が１０００人いたとして、その中で食えているのって２００人くらいですかね？　いろんなタレントを輩出している事務所であっても、養成している数は数百人レベルだと思うんです。

一方、ネットを使って食っていける人が何人いるのか？　僕はその数字について工学的に考えているんです。

たとえば、ニコニコ動画で食っている人が１０００人、２０００人という単位でいたとしたら、そこからスターが出てくると思うんです。そのスターがどこかの事務所と契約して、いつかデビューすればいい。１０００人、２０００人がネットで食える状況をどうやって示すのかということを考えているんです。芸能事務所が数百人規模で人材を養成しているとして、だったらネットでその10倍の人を育てるシステムを作ろうと。時間はかかるかもしれないけれど、いずれ世の中に大きな影響力を与えられるはずだと。食っていけるクリエイターたちの層が厚ければ、きっと実るものも大きいだろうという仮定ですね。

テレビや新聞への不信感が原点

――テレビで流れる情報、新聞に載る情報、ヤフーに載る情報は、ある程度それぞれのメディアブランドが信頼性を担保しています。その担保があるから、ユーザーは安心して見ることができるという側面がある。ニコニコ動画、ニコニコ生放送として、そういう信頼性は意識されていますか？

川上　僕らはそもそもメディアの信頼性というものを信用していないんですよ。ネットって、テレビや新聞が信用できないと思うところからスタートしているんです。ネットユーザーは、世の中の報道や政治に対して関心がない人のほうが多数派ですが、関心を持っている少数派の人たちは、基本的に既存マスメディアのアンチなんですよ。テレビや新聞は、電通によってコントロールされているというような陰謀論的な視点を持っている人が多いんです。たしかに、メディアも人間が作っている以上、間違いもばらつきもあるので、無条件に信頼することは間違っていると僕も思うんですが。

ネット民の情報発信能力

――僕は「マスゴミ」と言われても、マスメディアの信頼確保への姿勢はまだ強いと感じる立場です。

川上　一方で、日本人はやっぱり出る杭《くい》を打つところがあります。そういう国民性だから、日本で信頼されるメディアを作ることは難しいと思っているんです。だから、僕はニコニコ動画を信頼できるメディアにするというところからは一線を画そうと。

ネット世論を作っている、いわゆるネット民が信頼性のある情報を発信しているのかといったら、事実は逆ですよね。いつも批判しているマスメディアの悪い部分を、さらに先鋭化させたような方法でデマを撒き散らしているのが今のネットの人たちです。だから、そういう意味ではネットメディアやネット民のリテラシーによって、これからの報道がいい方向に進化するという未来は全然信じていない。むしろひどくなっていく可能性も結構あるなと。

その中でニコニコは、とりあえず本当のことを定量的に示す役割を果たせばいいと思っているんですね。１次情報、加工していないソースになろうと。だからニコニコがやろうとしているのは、国会中継にしても、何の意志もなく、起こったこと、言っていることを流そうということです。言っている人自身は本当のことを言っていないのかもしれないけれど、それも含めて生の情報をまず出す。そして、アンケートを取って、「ネットの人たちはこういう意見を持っている」「何％の人がこう答えた」という数字のデータを公開しようと思っています。それはニュートラルな言論の形成に役立つと思っていて、ニコニコはそこに徹しようと思っています。１次情報を一定量継続して、ネットに無料で公開する。それをやろうと考えています。

――非常に明快でした。わかりました。それを見て、あとは市民がどう判断するかということですね。

川上　それはもう勝手にやってくれと（笑）。　〈了〉

この章の主張

今は、課金モデルであれ、広告モデルであれ、ユーザーにコンテンツを提供できる時代です。ただし、コンテンツの価格、広告配信権、何よりもコンテンツ１次データをプラットフォームに握られる可能性もあります。

このデータは、視聴ユーザーの全数視聴データであり、視聴者属性をＩＤや検索履歴と結び付けることで、極めてマーケティング利用価値の高いものとなります（テレビにおけるこのマーケティング利用価値について、ＴＢＳ総研社長の氏家夏彦氏の提言を、１４０ページにコラムとして掲載いたします）。アマゾンのレビューのように評価機能もプラットフォーム側にある場合、マイナーコンテンツが埋没していくことも考えられます。レコメンド機能によって、コンテンツサイドの意志とは無関係に、ユーザーに「おすすめ」してしまうこともあるでしょう。

角川歴彦氏がその著書で述べるように、プラットフォームは「知の独占」が可能な「モンスター」とも言える存在に成長していく可能性があります。

それは、グローバル規模のシステム、資金、技術、人材、そしてあくなき事業展開欲を持ったモンスターです。その支配力の背景には、コンテンツの胴元としての収益構造と、コンテンツサイドからの搾取構造がある。しかし、プラットフォームはコンテンツの内容に責任を持ちたがらない。

これまでのマスメディアは、かつて自らの影響力によって引き起こされた悲劇を省みながら、社会公共性の認識を強めてきました。部数や視聴率至上主義、あるいは独善性から「マスゴミ」と揶揄されることもありますが、「事実」や「娯楽」をしっかり伝えたいというメディア人としての責任感を持っています。われわれ広告人も、そのサポートをしているという社会意識を抱いています。

しかし、繰り返しますが、プラットフォームは自らを「メディア」ではないと言う。あくまで「ディストリビューター」であり、その場に流れる情報の責任はコンテンツ制作者にあり、情報をやり取りするユーザーにあると主張します。

そのエコシステムは、マネタイズの最大化のために設計されており、広告を含めたあらゆるコンテンツは「競《せ》り」に出されているのと同じ状況です。当然、「競り」の胴元としてのプラットフォームが、市場原理の中で大きな利潤をあげていく。最終的には、ユーザーエクスペリエンスのビッグデータを独占して、ビジネス再生産の貨幣とする構図です。

コンテンツは人間の文化資産である

広告の世界では、このようなプラットフォームの危険な傾向が顕在化し始めています。

ユーザーやコンテンツへのリスペクトがない「ページビュー等価主義」。

買い手の効率を最優先した自動的な「入札」という売り買い手法。

ユーザーの情報接触データを、曖昧なパーミッションで活用するデータマネジメント手法。

角川氏は、グーグルのシュミット会長が「ギャング4」と自称していることに触れて、

「プラットフォームは自分たちの持っている領域で圧倒的な支配欲とブランド力で高収益をあげているルールメーカーという共通性がある。豊かなコンテンツを持っていても、部品メーカーとして扱われる」

と警鐘を鳴らしています。

コンテンツは人間の文化資産であり、社会基盤の担い手として、プラットフォームは既存メディアが築いてきた情報信頼性への責任感を持つべきです。そして、そのコンテンツがより高く評価される流通構造を、改めて構築する必要もあります。

利益追求のために、他者を踏み台にすることは市場経済の常識なのかもしれません。

しかし、コンテンツや、それを伝えるメディアが持つ社会的・文化的価値を、経済合理性だけでコントロールすれば、インターネットのもたらした多様な文化はいずれ終焉を迎えることになるでしょう。

インタビュー・コラム③　テレビとビッグデータ

放送局という考え方から、メディアサービス業という考え方へ

氏家夏彦
TBSメディア総合研究所社長

テレビはダメになったと言われますが、今なお圧倒的に強いメディアだと思うんです。ただ、その圧倒的な強さに陰りが出てきた。そこにはネットの影響も当然あるだろうし、この流れが元に戻ることはありえないでしょう。

そんな今、『半沢直樹』がどうしてあんなにヒットしたのか？　40％を超えるドラマは、狙って作れるものではありません。視聴率も、初回から最終回まで一度も下がりませんでした。

圧倒的だったのが、ツイッターのツイート数。7月1日から9月30日までの「半沢」関係のツイートが450万件あったそうです。ロンドンオリンピックの時のツイート数が400万件で、それを超えている。最終回だけで91万件のツイート数というから、まさにお化け番組ですよね。

この数を見ると、テレビの競合だと思われていたソーシャルメディアが、視聴率を下支えしたのではないかと思うんです。ソーシャルメディアとの連動によって、テレビのリアルタイム視聴にどうやって誘導するのか。これを本気で考えなければならないという教訓にすべき現象でした。

テレビ局には放送法の問題もあって、公共の電波を使わせてもらっているという意識が強い。電波を届けるインフラ作りにも莫大なコストがかかります。今のテレビのリーチの高さは、公共メディアとして努力を続けてきた結果だと思います。だから、ライブドアや楽天が買収しようとした時にテレビ側が反発したのは、彼らにこの公共性の概念や認識がとても乏しかったから。つまり、電波を使ってどうやって儲けようかという話しかしなかったからです。

オリンピックの放送でも、メダルの可能性があるものの生中継がないというケースがありました。

メダルを取ってからはいくらでも流すけど、メダルを取る瞬間の競技映像はネットでしか見られないということがありますよね。

マイナー競技を見たいという視聴者のニーズは確実にある。けれども、それに放送という形で応えることはできない。つまり、放送という媒体を使う限り、そういう確実にいる視聴者やユーザーを裏切り続けるということになるわけです。今のテレビの宿命でしょう。これをどうやって乗り越えていくのか。ネットを使えばいいのだから、答えは簡単かもしれない。ただし、テレビ局にとっての問題は、マネタイズの方法が見つかっていないということなんですね。

その一つの方法が、視聴者に関するビッグデータ解析です。これまで視聴率という数字でしか見ることができなかったテレビの向こう側の人たちの個性が見えてくる。どういう属性なのか、どういう購買傾向があるのか、そういう細かいデータを取ることができる。それをビデオ・オン・デマンドやeコマースにつなげられれば、ものすごい影響力になる。テレビのリーチを使えばものすごい数のデータが集まるはずで、どんな手法を使った個人データの数よりも圧倒的になる。

テレビにとってメタデータプラットフォームを作るということは本当に重要なんです。放送局という考え方から、メディアサービス業だという考え方に変えれば、目指すところがはっきりとしてくると思います。〈了〉

プロフィール／東京大学経済学部卒業後、1979年TBS入社。報道（カメラ、社会部、経済部、政治部等）・バラエティ・情報・管理部門を経て、放送外事業（インターネット・モバイル、VOD、CS放送、国内・海外コンテンツ販売、商品化・通販、DVD制作販売、アニメ制作、映画製作）を担当した後、10年より現職。

第5章

ハフィントン・ポストの狙い

２０１３年5月、安倍晋三総理大臣がハフィントン・ポストの単独取材に応じました。首相官邸で、ハフィントン・ポスト創設者で編集長を務めるアリアナ・ハフィントンのインタビューに応じ、寄稿依頼に「是非、参加させていただきたいと思います」と快諾。現在、寄稿した記事は1本のみという状況ですが、ネット上で話題になりました。

ソーシャルメディアのオープン性を維持しながらも、ユーザーにある程度情報を整理して提供する「ソーシャルニュースメディア」が登場しています。

ピューリッツァー賞受賞

その先進事例が、ハフィントン・ポストの創刊と急速な利用拡大です。

新聞メディアの退潮著しいアメリカで、ハフィントン・ポストは今最も成功しているニュースサイトの一つだと言われています。創刊からわずか8年で、全米で月間６０００万人の利用者を獲得しています（２０１３年2月現在）。２００５年に作家でコラムニストのアリアナ・ハフィントンによって創刊されたユーザー参加型のニュースメディアです。ブロガーが記事を寄稿し、ユーザーがコメントをつける。そのコメント自体も記事化されていきます。コメント数は毎月８００万以上に及ぶこともあるそうです。そのユーザーの多くは、ツイッターやフェイスブックを日常的に使いこなす若年層です。

政治、経済、健康など50を超えるジャンルに分けられており、1日あたり1600本の記事が配信されています。ユーザーの閲覧傾向や関心をテクノロジーを駆使して予測して、編集者はニュースを配信しています。そのシステムをジミー・メイマンCEOは「ソーシャルニュース」と名づけました。

オバマ大統領をはじめとする多くの著名人が寄稿。2012年にはネットメディアとして初めてピューリッツァー賞の栄誉に輝きました。2013年5月には、朝日新聞とパートナーシップを結び、ハフィントン・ポスト日本版をスタートさせています。

私は同年、ニューヨークのハフィントン・ポスト本社編集局を訪ねました。コンパクトなそのオフィスで、さまざまなデータが表示されるディスプレイを見ながら編集者たちが記事を選択していく――その光景は、日本の新聞社しか知らない私にとって驚きを禁じえないものでした。

印刷や流通といったプラットフォームを必要とせず、小規模ながら大きな影響力を有する、新しいニュースプラットフォームのあり方を目の当たりにしました。

そのアリアナ・ハフィントン編集長に、ソーシャルニュースの今の姿を伺います。

「ニュースを消費する側から見れば、ジャーナリズムの黄金時代がやってきた」

アリアナ・ハフィントン（ハフィントン・ポスト創設者・会長・社長兼編集長）

プロフィール／ハフィントン・ポスト・メディア・グループの会長、社長兼編集長。全国紙にコラムを執筆し、13冊の書籍を著す。2005年5月、ニュース・ブログサイトの「ハフィントン・ポスト」を設立。瞬く間に幅広い読者と話題を集め、インターネット有数のメディアブランドに成長した。「ハフィントン・ポスト」は2012年、国内報道部門でピューリッツァー賞を受賞している。06年と11年、米タイム誌が選ぶ「世界で最も影響力のある100人」に選ばれた。ギリシャ出身。16歳で渡英、ケンブリッジ大学で経済学の修士号を取得した。21歳で名門ディベートクラブ、ケンブリッジユニオンの議長に選ばれた。

――ハフィントン・ポストは何を目指しているのでしょうか？

アリアナ　私はもともと友人を集め、引き合わせ、楽しい話をしてもらうのが大好きなんです。きっとギリシャ人のDNAのせいでしょう。ですから、ハフィントン・ポストの本質とは、冷水器の周りや食事の席で交わされるような会話、政治や芸術や書物や食べ物に関する会話をオンラインのオープンな場でやってもらうことにあるのです。

私たちは紙面作りの一つの要として、「第3の価値観」を提唱しています。これは富と権力という旧《ふる》い価値観を超越して、新しい時代の成功を定義しようという試みです。健康や英知や感動、思いやりや分かち合いという価値に目を向けたいと思うのです。

――ハフィントン・ポストの強みはどこにありますか。

アリアナ　ハフィントン・ポストの記者と編集者は、四六時中面白いストーリーを語ることばかり考えています。そのストーリーを咀嚼《そしやく》しつくし、他のメディアが新しい話題に移った後も長く語り続けることをやめません。私たちは日々、新しい機会を育み、あるいは掴み取ることに懸命ですが、その一方で、自らのＤＮＡに忠実でもあります。私たちの本質的な価値観である、人との関わりに根ざしつつ、会話の始まりを提供し、妥協の人生ではなく自分らしい人生を生きたいと願う人々の手助けができればと考えています。

朝日新聞と組んだ理由

――従来の新聞との違いはどこでしょう？

アリアナ　旧来メディアと新興メディア、デジタルと紙の境界は薄れる一方です。その結果、話題を新聞の未来から、伝達手法の如何《いかん》にかかわらず、ジャーナリズムの未来へと移す機会が到来しました。新聞業界にまつわる悲観論は多々ありますが、一方で、ニュースを消費する側から見れば、ジャーナリズムの黄金時代がやってきたとも言えるでしょう。偉大なジャーナリズムがなくなることはないし、それを渇望する人々もまた尽きません。

――ハフィントン・ポストはいかにして情報の信頼性と精度を確保し、担保しているのでしょうか。

アリアナ　ハフィントン・ポストは世界各地に700人を超える人材を抱えており、昔ながらの調査報道の流儀を堅持しています。同時に、ハフィントン・ポストはプラットフォームでもあります。人が他者と関わり合い、交流するための自由でオープンな場であり、活力に満ちたオンラインコミュニティの構築を目指しています。

――日本のパートナーとして朝日新聞と組んだ理由は？

アリアナ　海外版を発行する際、私たちが行う最も重要な意思決定は「パートナー選び」です。朝日新聞はジャーナリズムの支柱であるだけでなく、市民の価値観をも支えてきました。朝日新聞社の木村伊量社長はこう書いています。「独善に陥ることなく、互いを尊重し、互いの言葉に耳を傾けるとき、虚心坦懐に自らの意見を表明するとき、相互理解は深まり、民主主義は成熟すると考える」――と。

アマゾンは「聞く力」の金字塔

――アメリカのジャーナリズムはどこへ行くのでしょう。その未来像は？

アリアナ　間違いなくハイブリッドな未来がやってきます。伝統的なジャーナリズムのいいところ――たとえば公正であること、正確であること、語り聞かせる力、調査能力など――に、デジタルの世界が提供する最高のツール――たとえば速報性や透明性、そして何よりもエンゲージメント――を掛け合わせた未来が到来します。

――アマゾンのジェフ・ベゾス氏のワシントンポスト紙買収について、どのようにお考えですか？

アリアナ　ベゾス氏には成功に必要な資質が揃っています。ジャーナリズムのハイブリッドな未来で、大きなチャンスを掴める特異な位置付けにあるのです。まず、彼には利幅の薄い事業で成功を収めた実績があります。アマゾンは今でこそ市場評価額1400億ドルという小売の巨人ですが、その始まりは書籍の販売です。書店から超巨大通販へ。その道のりは平坦ではありえません。さらに、ベゾス氏はエンゲージメントの威力をよく理解しています。アマゾンにおいて、ベゾス氏は非常に高感度なオンラインショッピング体験を実現させました（その対応はオンラインのみならず、オフラインにも及んでいるのですが）。メディアが提案型から参加型のモデルに移行しつつある今、これは特に重要なことです。ニュースは今や現在進行形で推移する双方向の会話です。そして、どんな会話にも言えることですが、聞くことは話すことと同じくらい重要であり、アマゾンは「聞く力」の金字塔とも言えるのです。

――ソーシャルメディアの時代においてジャーナリズムの果たす役割とは？

アリアナ　どんなにテクノロジーが進歩しても、ジャーナリズムの役割は不変です。使えるツールをすべて使い、最も重要なストーリーを語り、伝えることです。〈了〉

現在、ハフィントン・ポストは、急速なグローバル展開を進めています。イギリス、カナダ、フランス、スペイン、イタリア、ドイツ、そして日本における各国版サイトを立ち上げ、各国の大手メディアとパートナーシップを結び、その信頼性の担保とマーケティングをともに確保しようとしています。日本ではソーシャルメディアに意欲的な朝日新聞社とタッグを組み、2013年5月、日本版ハフィントン・ポストが創刊されました。ハフィントン・ポスト日本版松浦茂樹編集長は日本における戦略について、以下のように語ります。

「日本人は、議論が得意じゃないところもある」

松浦茂樹（ハフィントン・ポスト日本版編集長）

プロフィール／1974年生まれ。東京理科大学工学部経営工学科卒業後、大手自動車会社の宇宙開発事業部にて人工衛星のシステムエンジニアとしてキャリアスタート。その後、ライブドアではポータルサイトの統括時に「BLOGOS」などをプロデュース、コンデナストでは日本版「WIRED」のウェブエディター、グリーでは「GREEニュース」などを担当。13年3月より現職。

――編集長として、ハフィントン・ポスト日本版が目指すところは？

松浦 2013年の5月7日にオープンしましたが、まずはいわゆる「団塊ジュニア」世代にターゲットを置いています。この世代の声が、今後10年人口としてもコアになってくる。今から声をあげておかないと、政治や経済を含めて具体的なアクションにつながっていかないと思っています。ですから、その世代の方々にこれからのことを考えてもらって、発信もしてもらうことを、今第一に目指しています。

――ハフィントン・ポスト日本版の強みはどこにありますか？

松浦 すべての記事にコメントがつけられる。ブロガーという形で、それぞれの考えをハフィントン・ポストのプラットフォーム上で表現できる。この二つのボトムアップの仕組みで、いわゆる一般的なマスコミの意見だけではなく、読者目線の意見を吸い上げることができます。ここが一番の強みですね。

誹謗中傷コメントは載せない

――読者からのコメントの選択はどのような基準で？

松浦　誹謗中傷や相手を罵倒するだけの建設的ではないコメントは載せないようにしています。もちろん、そういうコメントをすべて載せるという考え方もあると思いますが、そこに公共性があるのかどうか……。少なくともすべてのコメントを載せることは、私たちが目指すべき言論空間ではないかなと考えています。

――記事に対してネット上で「モノを言う」層がいる一方、「黙って見ている」層もいますよね。「モノを言う」層の「載せろ」という自己承認欲求に負けてしまい、声の大きいほうに流れていく可能性もあります。

松浦　そうですね。たくさんの人に見てもらうことも大切ですが、コアの読者にしっかりと届けることも大切です。（コメントを）何でも全部見せるというやり方は、少なくとも今の日本においてはふさわしくないと考えております。

――フェイスブックやツイッターというソーシャルメディアと違って、ハフィントン・ポストは「メディア」であると思っています。プラットフォームではないと。それは、そこに編集価値判断がしっかり働いているからです。

松浦　われわれは、「メディアの特性を持つプラットフォーム」と言っていますが、コメントを載せる、あるいは載せないというところには、われわれの編集価値判断が働くでしょうね。

――そういったところに、朝日新聞との相乗効果が現れるかもしれないですね。

松浦　朝日新聞に限った話ではないのですが、こうやって各国ローカルのメディアと組むことで、そのメディアの流儀を学ぶことができます。ハフィントン・ポストがそれぞれの国に降り立って、ローカルなメディアのパワーや、培ってきた信頼関係が活かされることは、大きな財産になると思います。

――ソーシャルを基盤としたメディアの、日本における展望はどのようにお考えですか。

松浦　やはりネットの双方向性が、ハフィントン・ポストというメディアの一番の特性なので、それを広げることが肝要ですね。日本人は、議論が得意じゃないところもある。ただ、グローバリゼーションが進んでいく中で、議論のやり方も世界共通になっていくでしょう。すでに呼吸をするかのように自然に議論する国もあるので、日本もいずれそのようになるのではとある種、楽観視しています。

行司役、レフェリーとして

――インターネット上で可視化された議論で、リテラシーが高まっていくかもしれませんね。そこでプラットフォームは行司役をやらなくては、当人同士のただの殴り合いになってしまう。ハフィントン・ポストの試みは、日本のソーシャルメディアリテラシーと並行して進んでいる気がしています。

松浦　そうなればいいと思っています。行司役、レフェリーという点はおっしゃるとおりで、怪我をするようなプレーはしっかりと止めなくてはいけない。そこは慎重にやっています。

――本書の取材において、東浩紀さんは、ネット上の言論は現実世界を反映しているものだから、ユーザー自身がコントロールすればいいという考え方をお持ちです。一方、津田大介さんは、そのネット上の言論をまとめていくメディアが必要だという考え方でした。

松浦　日本人は多様性を認めるのが下手で、すべてを一つのやり方で解決しがちです。一つの議論があったとして、「いい」「悪い」のどちらかで判断するのではなく、「いいところ」「悪いところ」を選択するために議論しなければいけないと思うんです。だから、東さんには東さんの意見があるし、津田さんには津田さんの意見がある。そういう中にハフィントン・ポストというメディアがある。ハフィントン・ポストという空間が、日本の言論のあるべき姿であるかと言えば、それはおこがましい。それぞれのやり方でやればいいと思います。

――最後の質問です。いろいろなメディア企業を経験されて、これからのメディアの時代はどうなると思われますか。

松浦　しっかりと役割分担されていくと思います。マス的なメディアも存在するだろうし、ニッチなメディアもネット上で存在するようになります。テレビはテレビとしての役割、ラジオはラジオとしての役割、新聞は新聞としての役割というように、各メディアの持つ役割がきれいに分かれていくのかなと。１本の記事を書くにしても、新聞用のテキストと、ネット用のテキストは違うはずです。あるいはスマホに最適化されたテキストも生まれてくると思います。そういう意味で、バリエーションが豊富になってくるでしょうし、その多様性を許容できる世の中は、いろんなビジネスの展開も見えやすい。私としてはすごく明るい未来を想像していますね。〈了〉

この章の主張

日本におけるハフィントン・ポストは、極めて実験的な試みです。事業としてテイクオフできるかどうかは未知数ですが、情報の整理役を務めるメディア的側面と、ユーザーに発言させる舞台的側面を提供する姿勢は注目すべき試みです。

これまで既存のマスメディアは、自らの情報収集と価値観に基づき、情報発信してきました。

ハフィントン・ポストに代表されるソーシャルニュースは、情報整理の「行司役」というメディアの新しい機能を示唆しています。

ハフィントン・ポストというネットメディアが、朝日新聞というブランド力のある既存メディアとパートナーシップを結ぶことによって、ネット社会は新しい羅針盤を持つことになるかもしれません。

第6章

ソーシャルメディアの責任感を問う

ソーシャルな日々

私の一日はソーシャルメディアで始まります。朝、LINEで京都で学ぶ息子の相談に乗り、娘たちにホワイトデーのスタンプを送り、ツイッターやフェイスブックをスマホでチェック。タイムラインや新聞の気になるニュースには、自らのコメントを入れて紹介します。昼休みもLINEで仲間とメッセージをやり取りしたり、スマートニュースやグノシーで今話題のニュースをチェック。夜はツイッターで見ているテレビ番組や映画の感想をつぶやき、SNS上の論争を眺めたり、時にはその論争に参加したりも——。

2年ほど続けているツイッターでは、8000人を超えるフォロワーに出会えました。ソーシャルメディア上でしか会話しなかったであろう人、表現できなかったであろう自分。会社や家庭では体験できなかった世界を、ネットによって楽しんでいます。

40％を超えるソーシャルメディア利用率

前出の東京大学橋元良明教授の調査（左ページ図1）では、ソーシャルメディアの利用率は全世代で41・4％（非ネットユーザーも含む）。10代、30代では50％、20代では80％を超えています。

これはスマートフォンの世代別普及率とも同期しており、特に10代においては、サイト閲覧時間をソーシャルメディア利用時間が凌駕《りょうが》している状況です。

この状況下、ソーシャルメディアの運営側（プラットフォーム）は、信頼性や公共性についてどのような考え方をしているのか。この章では、ＬＩＮＥ、ツイッター、ミクシィへの取材を元に考察したいと思います。

図1　ソーシャルメディアの利用率

ソーシャルメディアサービス（mixi、Facebook、GREE、Mobage、Twitter、LINE）のいずれかを利用しているのは、全体で41.4%。20代では8割を超え、10代・30代でも半数以上が利用しているなど、若年層を中心に普及が進んでいる。

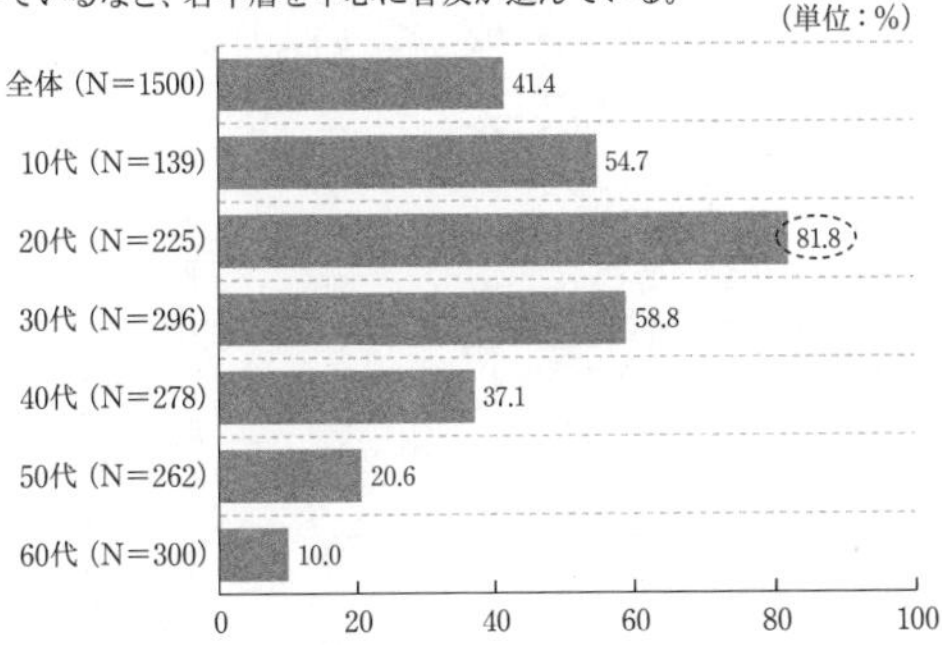

出典：2012年調査「情報通信メディアの利用時間と情報行動に関する調査」（橋元研究室と総務省情報通信政策研究所との共同研究）より

啓発活動を強化するＬＩＮＥ

ソーシャルメディアで、爆発的にユーザー数を増やしているのがＬＩＮＥです。

２０１３年11月の段階で、全世界に３億人、日本国内だけでも約５０００万人のユーザーを抱え、月間のアクティブ利用率は85％に上ります。わずか2年強で、スマホユーザーのコミュニケーションインフラに成長しました。今ではプロモーションメディアとしての可能性も持ったメディアになりつつあります。

ＬＩＮＥは主に、メールや電話に代わる個

人間のコミュニケーションとして使われています。アクティブに使用しているユーザーの中心層は、10〜20代。その使い方次第では、さまざまなリスクを生むこともあるでしょう。2013年6月、広島県呉市で起こった少年少女たちによる死体遺棄事件は、殺害に至るまでの経緯をLINEでやり取りしていたことがわかりました。ネット上では「広島LINE殺人事件」という言葉が飛び交い、「コミュニケーションツール」としての安全性について議論されました。

爆発的な成長を続け、今やソーシャルメディア界の寵児《ちようじ》となったLINE。森川亮社長は、「世界中の幅広い人々に、さまざまなシーンでLINEを生活のインフラとして使っていただきたい。今LINEが伸びる中、特に日本においては、いろんな事件や問題が起こっていることについて大変遺憾に思っております。プラットフォーム運営者の責任として、さまざまな具体的対応を行っているところです。

一つは、キャリアの契約者利用者情報をもとに18歳以上・未満をシステム上で判別し、18歳未満のユーザーの方々は、IDの設定・検索及び他者からのID検索が対象外になります。いわゆる「出会い系」の問題に関しても、IDのやり取りがなされるさまざまな掲示板などを常に監視して、抗議・差止要求をしております。

また、そもそもSNS・インターネット・メッセンジャーなどの使い方が、まだまだ知られていないということもあります。地方自治体の方、ＰＴＡ・学校関係者の方からもさまざまなお問い合わせをいただいており、専門の部署を作って全国を回って講演やワークショップなどの啓発活動を開催しています。

この啓発活動は更に強化をしていきたいと思っています。新しいサービスが出ますと、どうしても間違った使い方をする方も増えます。過去にさまざまな事例があるので、私達は責任を持って対応をして、皆様にも安心して使っていただけるように努力、邁進をしていきたいと考えています」と述べました。

コミュニケーションインフラ

「18歳未満のＩＤ検索利用制限措置」や全国への講演などの啓発活動などの取り組みで、ユーザーの安全確保に努めるという姿勢です。この専門部署では、２０１３年すでに全国１３０カ所で教育機関・教師などを対象とした活動が実施されています。２０１４年は、３００カ所に拡大する予定です。リアルな人間関係に基づくコミュニケーションインフラとして、このような取り組みを強化しています。

ツイッターの役割

LINEがリアルな交友関係に基づくとしたら、ツイッターは匿名でも発言可能な、より「メディア」に近いプラットフォームかもしれません。昨今の炎上事件や失言騒動などのように、ツイッター発のニュースがメディアに取り上げられることもよくあります。よくも悪くもリアル社会を可視化する機能を持っています。

また、東日本大震災時には、草の根情報を伝播する「社会的公共メディア」としても機能しました。しかし、流言やデマの発生源となってしまったところもあり、情報の真偽の確認は、あくまでユーザー判断に任されています。

2010年末から2011年にかけて中東や北アフリカ各国で起こった民主化運動、いわゆる「アラブの春」は、ツイッターやフェイスブックといったソーシャルメディアも活用して大きな広がりを見せました。

マスメディアからのニュースも、個人のつぶやきも、ツイッター上では同列に閲覧される。そういう意味でツイッターは、最もリテラシーが必要なプラットフォームだと言えます。

現在、ツイッター本社の副社長を務める近藤正晃ジェームス氏は、ちょうどあの震災が起こった2011年にツイッターの日本代表に就任しました。震災以後は「ライフライン」としてのツイッターの役割について発言し、注目を集めています。そもそも「アラブの春」をきっかけとしてツイッターに入社したという近藤氏にじっくりとお話を聞きました。

「健全な言論空間を作るには、匿名、実名を選択できるオプションが非常に大切」

近藤正晃ジェームス（ツイッタージャパン代表取締役会長）

プロフィール／2011年、Twitter初の外国法人代表として、TwitterJapan株式会社日本代表に就任。日本におけるTwitterのサービスの拡充、組織の立ち上げを行う一方で、Twitterを災害時のライフラインとして確立すべく注力。2014年よりTwitter副社長（メディア部門担当）兼TwitterJapan代表取締役会長。非営利分野では、政府、大学、財団、NPO等で活躍しており、特に、11年は東日本大震災を受け、孤児のためのNPOや、国際的なシンクタンクの発起人となり、継続的に参画している。一橋大学大学院で教鞭も取る。以前は、マッキンゼー・アンド・カンパニーのコンサルタントとして、7カ国においてグローバル企業戦略および経済政策の立案に従事。慶應義塾大学経済学部卒、ハーバード経営大学院修了。

――ツイッターというのはメディアなのか、コミュニケーションプラットフォームなのか。近藤さんはどちらだとお考えですか？

近藤　われわれの中でもいろいろと議論があります。現時点では、「ブロードキャスティング・ネットワーク」という言葉を社内外で使っています。メディアなのか、コミュニケーションプラットフォームなのか。ブロードキャスティング（発信）なのか、ネットワーク（共有・交流）なのか。ユーザーの方々にツイッターの使い方を伺うと、どちらかのみという方も少数いらっしゃいますが、多くの方は両方の使い方をされています。大半のサービスがどちらかに特化している中で、ツイッターは両方存在しているところがユニークだということで、現在ブロードキャスティング・ネットワークという言葉を使うようになっています。

情報の責任の所在

——いわゆる情報プラットフォームは、かなり公共的側面を意識しなければいけない時代に入っていると思います。日本でも、コンプガチャの問題など、ソーシャル上でのモラルが問われる時代に、ブロードキャスティング・ネットワークの運営者として、そこに流れる情報の責任は感じていらっしゃいますか。あるいは、あくまでユーザーに判断してほしいという立場でしょうか。

近藤　いきなりとても厳しいご質問をいただいてありがとうございます（笑）。われわれに大きな影響があったことが二つございました。

一つは「アラブの春」。政治的な表現、言論の自由が問われました。もう一つは「東日本大震災」。災害に伴い、事態が刻々と推移しました。

このような民主化運動、自然災害の中では、社会が短期間で大きく変化し、どの情報が真実なのかを判定することは困難です。

まず前者の政治的な局面についてお話しします。世界には、まだ意見の幅を許容しない、言わば言論の自由を尊重しない国や地域があります。われわれのように表現に関わるプラットフォームは、言論の自由を担保し、ユーザーを守る責任があります。特にツイッターという会社はそのＤＮＡが強いです。

後者の自然災害については、私自身も東日本大震災を経験した日本人の一人として非常に強い関心があります。３・11の震災後、ツイッターの情報はどこまで信頼できるのか議論になりました。そこで、政府、学識者、メディアのさまざまな発言を時系列で検証してみると、誰かの発言が常に正しいことはなかなかありませんでした。組織であろうと個人であろうと、常に正しいということはありません。その人から見ると事実であっても、後に全体的な視点から検証をしてみると真実ではなかったということもあります。震災のように事態が刻々と変わる状況では、一瞬前の事実も推移する。限られた情報をもとに議論を深め、さまざまな意見が交差する中で、総合的な判断が重要となる。

ツイッターという言論空間の自浄作用はどれほどあるのか。正しくない情報があった時に修正されるスピードはどんどん早くなってきています。検証してくださる方々、間違った情報は修正して下さる方々が増えている。そういう健全な動きが促される運営をやっていきたいですね。

実名だと危険な場合もある

——私も同じ意見です。ツイッターというオープンな世界でいろんな情報が入ってきて、可視化されることでより正しい情報が見えてくるのではないかと思っています。その場合、匿名であるのか、実名であるのかは関係ない。むしろ、ツイッターの匿名性という側面が重要だと思っていて、すべてが実名になることで制約される表現もありますよね。これはツイッターの本質論に関わってくることですが、これからもツイッターは匿名、実名を選択できる方針は継続されるおつもりですか?

近藤　おっしゃるとおりですね。継続することが大切だと考えています。先ほど申し上げたように、「アラブの春」のように実名だと危険性も伴う状況も見てきていますので。健全な言論空間を作るには、匿名、実名を選択できるオプションが非常に大切。

——あとは、テレビとの関係。テレビ局を取材していると、ソーシャルメディアとの連携をかなり意識しています。既存メディアとネットの関係を振り返ると、ポータルサイトが登場した時は、「コンテンツを搾

取されるんじゃないか」というある種対立軸として考えられていた。しかし、ツイッターなどのソーシャルメディアとは、親和性があると捉えられています。テレビとの連携は、これから大きな成長領域になるのでは？

近藤　重視しています。これまでネットは、あるコンテンツをタイムシフトして一人で楽しむことを可能にしてきた。それはそれで、利便性のあるものでした。ただ、リアルタイムに起きていることを多くの人と一緒に楽しむ「社会的な喜び」ってありますよね。スポーツ競技を観戦する、あるいは音楽のライブに行くような。それはものすごい力がある。テレビの本質的な力は、昔からそういうところにあった。お茶の間で、家族全員テレビを見て盛り上がる楽しさですね。

そのような社会的なエンタテインメント、感動の共有に、ユーザーの方々が自然にツイッターを使って楽しんでくださるようになりました。リアルタイムでみんなと一緒に感動するという昔からある「喜び」に、ネットをいかに融合させられるのか。そして、その「喜び」の価値を上げて、広がりを持たせたい。この価値観に、テレビ局の方々やスポーツ界の方々と共感し合える目標軸ができつつあるので、日本で大きく育てていきたいですね。

ヒッピー的な会社だったが……

――なるほど。最後の質問です。スマホとツイッターの親和性はすごく高い。これからネット空間でさまざまなデバイスが拡大する中、ツイッター社のビジョンをお伺いできればと。

近藤　今までツイッターは、西海岸のヒッピー的な、楽しくてフラットでスタイリッシュな新興企業として、皆さんから非常に温かい目で見ていただいていました。加えて、長澤さんがおっしゃったように、東日本大震災の時のように本当に重要な局面で役割を担うようになり、われわれの社会的な使命、責任を強く意識するようになりました。今ツイッターは若い人たちから「面白い」と言われていますが、これからは面白いだけではなく、もっと信頼されて、役に立つものにもしていきたい。それは技術的な投資だけではなく、ツイッターの企業姿勢も問われていくということ。ネットにさまざまなイノベーションをもたらしつつも、社会的にさらに信頼していただける会社に育てていければと強く思っています。〈了〉

若い企業では許されない

近藤氏が語るように、ソーシャルメディアは今や「交流場」にとどまらない社会的影響力を持っています。もはや「若い企業」であるだけでは許されない状況です。公共性、安全性、信頼性確保への努力を続けることは、ユーザーからのアクセスを貨幣価値として成長するメディアとして当然の責務でしょう。

この章の最後には、その黎明期から日本のソーシャルメディアシーンをリードしてきたミクシィの笠原会長にご登場いただきます。「ソーシャルメディア」という言葉があまり使われることのなかった2004年に「mixi」を開設。ソーシャルメディアを知り尽くした男は、その役割を「コミュニケーションの大動脈」という言葉を使って説明してくれました。

「『衝突』『炎上』を起こしやすい仕組みやサービスは、おそらく淘汰されていく」

笠原健治（株式会社ミクシィ会長）

プロフィール／1975年生まれ。東京大学経済学部卒業。97年、大学在学中に求人情報サイト「Find Job!」の運営を開始。99年に法人化した後、代表取締役に就任。04年2月、ソーシャル・ネットワーキング・サービス「mixi（ミクシィ）」の運営を開始。06年に社名をミクシィに変更。

――笠原会長は、ソーシャルメディアという言葉が一般的ではない頃にミクシィを立ち上げられました。スマホでネット人口は拡大し、可能性とともに課題も出てきましたね。

笠原　今はハードとネットの融合、リアルとネットの融合に一番関心を持っています。スマートフォンが出てきて、日本中、世界中でiOSもしくはアンドロイドという共通のプラットフォームを使うようになってきた。人と人とがスマートフォンをベースにつながっていますよね。いろんなデバイスが安く、ネットにつながるようになり、人とモノの関係もスムーズにつながるようになってきている。そこにある新しい可能性にコミットしていきたいと考えています。

便利だが、見たくないものも見える世の中

笠原　たとえば「iBeacon」というシステムがあります。iPhoneとBluetooth4.0を使ってつなぐセンサーを店頭に置いておくことで、店頭の通行量を測定したり、通った人にiPhone経由でクーポンを配布したり、お店に入ってきたお客さんの滞在時間のデータを取ることもできる。さらには、その入ってきたお客さんが一見《いちげん》さんなのか、リピーターであれば何度目の来店なのかもわかる。お店を出る時に支払いの決済もスマホ経由でできる。そういうシステムの使われ方や概念が広がっていくと思っています。

あとは、ダブル・ロボティクスという会社が作った「ダブル」という面白いプロダクトがある。セグウェイにiPadが乗ったような遠隔操作できるロボットです。ロボットの顔の

部分にiPadが乗っていて、自分の顔を映し出す。たとえば、自分は自宅にいながら、会社にはその「ダブル」がいるというような使い方ができるわけです。もちろん現在もテレビ電話やスカイプがあるけれど、よりコミュニケーションしやすくなることを考えて作られたプロダクトです。実際に操作して動きまわることもできるので、より生身の人間の温かみが出せる。今はまだ試験的なプロダクトですが、ゆくゆくはこのような生身の人間に近い形のコミュニケーションがネットを使ってなされていくでしょうね。おじいちゃんやおばあちゃんが離れて暮らす孫と、こういうプロダクトを使って接する。あるいは、企業でも、在宅勤務している人が、その場にいるかのように会議に参加するような……。そういうSFのような世界になっていくだろうなと。

となると、これまで見えなかったものも、どんどん見えてくるわけです。今も自宅にいながらにして、どこのお店が美味しいのかを調べることができる。渋滞や電車遅延の状況も調べることができる。ある電化製品を探していて、秋葉原のどの店に行けば在庫があるのか、あるいはどこが一番安いのかもわかる。便利になればなるほど、今まで見えてこなかったものが見えてきます。

――可視化されるリスクですね。

ただし、見たくなかったものも見えてくるんですね。そのリスクはある。

笠原　ソーシャルメディアに関しても、人と人がつながってコミュニケーションが活発化してゆくと、これまで顕在化していなかったコミュニケーションが現れる。利便性がある一方で、今まで見なくて済んだものが見えてくることは不可避です。そういう中で「見たいもの」「見たくないもの」を選別することを学んでいくのだろうし、あるいは嫌気が差して「見ることをやめる」という選択もあるでしょう。そういう流れの中で、コミュニケーションの観点で言うと、「衝突」「炎上」を起こしやすい仕組みやサービスはおそらく淘汰されていくとは思います。

悪いものは隠せない

――リアルの社会同様に、可視化されることで、反社会的な行動は取れなくなる。企業もネットでのコミュニケーションが発達することで、そういう状況にありますし、個人もそうなっていますよね。可視化社会の性善説としてこれを捉えるほうが、コミュニケーションを過度に規制するよりもメリットがあると考えます。

笠原　あらゆるものが見えてきて、かつ、コミュニケーションの速度が上がっていく社会では、いいものはいいと評価されるだろうし、悪いものは隠せない。いいものも悪いものも同じスピードで広がっていく。ソーシャルメディアという言葉は、かなり広い意味を持っていますが、私の中では「コミュニケーションを行うメディア」くらいのイメージです。これから人と人、人とモノの結合が強くなる中で、そのコミュニケーションの大動脈として存在すると思っています。

ネットで人生が変わった話

――私はネットがなかったら、今までどおりのテレビを観て新聞を読むだけの生活だっただろうな、と最近思うことがあります。何となく自分の中に多様性が生まれてきたように感じています。笠原会長は、経営者としての立場、ミクシィに参加するユーザーとしての立場、あるいは父親としての立場で、ネットでのコミュニケーションによって自分の中に多様性が生まれたと感じますか？

笠原　感じていますね。たまたま昨日、妻とこういう話をしていたんです。妻の知人が、ある子宮の病気になり、今すぐ子宮を摘出しなくてはならないとお医者さんに言われた。将来的に出産を考えていた彼女は、かなりショックを受けていた。

そんな中、自分の病気についてネットで調べ始めたそうですが、あまり一般的ではない病名だったからか、難しい論文や、海外の文献しか出てこなかった。途方に暮れながらも検索を続け、彼女は、同じ病気と闘っている人が書いているブログを見つけだす。そして、そのブログの筆者に連絡を取って、自らの状況を相談するコミュニケーションが始まった。

やり取りの中で、ブログの筆者から、「自分は○○という病院で診察を受けている」ということを教えてもらった。すごくいい先生がいると。彼女はセカンド・オピニオンとして、その病院へ向かった。すると、その病院の先生は、摘出するのではなく経過を見ていこうという判断をした。彼女は、その病院と先生を信じて、病気と闘う決心をしたそうなんです。

この話で言うと、もしもインターネットがなければ、もしもそのブログがなければ、彼女はファースト・オピニオンに従って子宮を摘出する治療方法を選んでいたかもしれないわけです。インターネットがあり、そのブログがあったことで、子宮を残したまま治療をする方法を選ぶことができた。彼女自身の人生を変えたわけだし、もしその後お子さんが生まれたら、その子の人生を生み出した話でもあると思うんです。

社会にも、そしてこうやって個人の人生にも多様性を与える影響は大きいと感じます。

——すごくいい話ですね。ネットはいろんな批判を受けることもありますが、このツールをきっちり使いこなしていく社会であってほしいですね。可視化される中でサービスも磨かれていくだろうし、社会はそんなにバカじゃない。

笠原　本当にいいものは必ず広がっていくという話です。

〈了〉

この章の主張

これからソーシャルメディアは、情報発信、共感と交流、そして新しい知を形成するツールとして貢献していくことでしょう。しかし、その公共性や社会性を担保する機能は未成熟です。

ネットメディア登場以前は、既存のマスメディアはその信頼性の担保と、情報の仕分けを行うことがよくも悪くもフィルターになっていました。しかし、現在のソーシャルメディアでは、あくまでユーザーの自己責任によって情報に接しなければなりません。ユーザーのリテラシーのレベルに左右される環境です。この環境では「情報強者」と「情報弱者」の格差が生まれる可能性があります。第1章で取り上げた「炎上」事件は、その象徴と言えます。

もちろん、プラットフォームがどこまで情報をコントロールすべきなのかは議論が分かれるところです。ただ、これからマスメディアやマンメディアと連携することで、その信頼性、社会性を高めるチャレンジが生まれつつあることは注目すべきだと考えています。

第7章

個人がメディアになる時代

消耗戦より先行者利益

「競争は無駄だ」——。

ニコニコ動画を運営するドワンゴの代表取締役会長・川上量生氏は、津田大介氏との対談で、このような発言をしています（メルマガ「津田大介の『メディアの現場』」２０１３年8月23日発行）。まだ競争が存在しない世界で先駆すべきであるという、チャレンジャーならではの発言です。

コモディティ化が進行する現代では、既存のビジネスフィールドで消耗戦に臨むより、新しい市場で先行者利益を得るほうが経営効率も高い。川上氏の発言は、そんなインターネット時代の競争環境を表しています。

また川上氏は、２０１３年11月に日本テレビが主催した「日テレＪｏｉｎＴＶカンファレンス２０１３」に登壇した際、「テレビはどうすれば生き残れるのか?」という質問に対し、「今のままでいてほしい」と発言。実にしたたかです。

個人発信が生み出したサービス

インターネットメディアのオープン性が、個人での情報発信を可能にしたことで、具体的には、二つのメディアサービスを生み出しました。

一つは、個人からの情報発信をまとめてコンテンツとしてユーザーに提供する「集合知メディア」です。「口コミサイト」と言われることもあります。たとえば、料理レシピの「クックパッド」や、コスメや美容情報の「アットコスメ」、飲食店情報の「食べログ」「ぐるなび」、価格比較サービスの「価格・コム」など。「ヤフー知恵袋」や「発言小町」（ヨミウリオンライン）も集合知に場を提供したメディアと言えるかもしれません。

川上氏が言うように、これらのサービスは「いかに早くサービスを生み出すか」で勝負が決まります。

ただし、食べログのやらせ問題やアマゾンのレビューを使った誹謗中傷問題など、その情報には意図的なバイアスがかかる場合もあることを忘れてはいけません。

集合知メディアは、その情報の妥当性や傾向をチェックするためにコストをかけ、信頼性を担保する仕組みを作る責任があります。

メルマガの活況

インターネットのオープン性がもたらした、もう一つのメディアサービス、それは「マンメディア」です。ブログなど個人が情報を発信できるメディアはありましたが、この数年「メルマガ」が脚光を浴びています。

メルマガ自体は、インターネットが一般化した頃から存在しています。企業などから毎日「お知らせメール」が届き、読むことなく削除している読者の方もいらっしゃることでしょう。

今、メディアとして元気があるのは、「有料メルマガ」です。識者、論客、有名人が定期的に意見や情報を読者へ届ける。堀江貴文氏、佐々木俊尚氏、津田大介氏など、ネット上の有名論客たちもこぞってメルマガを編集しています。個人の主張や見識への信頼性を元に成立しているメディアサービスと言っていいでしょう。

かくいう私も津田大介氏のメルマガ「メディアの現場」の愛読者の一人です。毎週感想をツイッターでつぶやいています。2014年2月の東京都知事選挙の際には、告示から投票日直前まで毎日号外を発行。新しいメディアの形を実感しました。

新しいテクノロジーを駆使しているわけでは決してないメルマガが、今なぜ読者を増やしているのか？　8000人近い購読者を有するとも言われる、マンモスメルマガの編集長・津田大介氏に伺いました。

「メルマガは作りたいメディアだったわけではない」

津田大介（ジャーナリスト、メディア・アクティビスト）

プロフィール／1973年生まれ。早稲田大学社会科学部卒。オンラインメディア「ポリタス」編集長。大阪経済大学客員教授、京都造形芸術大学客員教授。一般社団法人インターネットユーザー協会代表理事、ニュースメディア「ナタリー」を手がける（株）ナターシャ取締役も務める。主な著書に『ウェブで政治を動かす！』（朝日新書）、『動員の革命』（中公新書ラクレ）、『Ｔｗｉｔｔｅｒ社会論』（洋泉社新書ｙ）など。

――私も「津田マガ」の大ファンでして、毎週、感想をつぶやいています。このメルマガを創刊しようと決意されたのはいつ頃でしたか？

津田　きっかけは震災だったんです。ちょうど震災の前、2010年に堀江さんが有料メルマガをスタートされて、それがものすごい勢いで成長していた。当時から「メルマガをやらないか」というお話はあったんですが、僕はそもそも原稿を書くのがあまり好きじゃないんです（笑）。しかも週刊というペースはかなりキツい。だから、当時は現実的じゃないと思っていました。一方で、（ツイッターが流行《はや》り始めた）2008年くらいからいろんなトークイベントや、パネルディスカッションに出るようになりました。そういうイベントでは、面白いお話が聞けても、その場にいる人にしか共有できないじゃないですか。語られたことが消えてしまうのが、もったいないという気持ちはずっとありました。

――２０１０年の堀江さんのメルマガ創刊は、ツイッターなどネット上でも話題になりました。

津田　２０１０年は僕にとっても転機の年で。メディアの状況も含めて、これから3年くらいで世の中が大きく舵を切ることになる予感があった。そんな時、アメリカでハフィントン・ポストやテッククランチというメディアが相次いでバイアウトしていきました。面白かったのは「上場」ではなく、「バイアウト」というやり方。ネットメディアの最終的な出口として「バイアウト」というやり方を取ることで、たとえば、当初はアグリゲーションサービスだったハフィントン・ポストが、たくさん記者を雇ってしっかり報道することができるメディアに形を変えた。２００９年以降、僕は「ネットと政治」の関係について興味を持ち始めていました。ネットを使って、政治をわかりやすく伝える方法を探していました。「政局」ではなく「政策」にフォーカスしたメディアを作りたいという願望もずっとあったんですね。それこそハフィントン・ポストのようなメディアを立ち上げるために投資先を探して、実際に「さて動こうか」と思っていた矢先に震災が起こったんです。

必要なのは「独立メディア」

――3月11日ですね。

津田　震災から3～4カ月ずっと情報発信を続けているうちに、これから必要なのは「個人メディア」というよりも「独立メディア」だと思うようになったんですね。そもそも、僕は個人メディアであることにはこだわりがなくて、インディペンデントなメディアを育てていきたかった。震災の後、2011年の6月には「もう自分で作るしかない、作らないとダメだ」と思うようになっていましたね。人のお金を入れてやろうとしたら、好きなことはできない。好きなことを自由にやるためには、自分で稼ぐしかないと。でも、先立つモノはないという状況で……。できるとしたら有料メルマガだろうと思い、8月に準備して、9月にオープンしました。やってみたら大変でしたけど、反応もよかった。常にトライ・アンド・エラーを繰り返してやってきましたけどね。

——津田さんは読者の感想をどんどんリツイートされますし、時には反論もしている。私もご反論いただいたことがあります（笑）。メルマガだけではなく、ツイッターでの広がりや、その読者の感想や意見までを含めて、一つのメディアになっているように思えます。

津田　そうですね。バーチャルの特色だと思っています。読者の感想をリツイートで強制的に見せられるのもウザいかもしれないけれど（笑）、メルマガは自分が一番手間暇をかけてやっている情報発信ですからね。どんな形でもいいから、まず見てもらいたい。興味を持ってもらう入り口としてツイッターを使っているということですね。

——感想はすべて読んでいる？

津田　基本的には見てますよ。ネガティブなものもたまにはありますけど、内容に対しての批評であれば見つけたそばからリツイートするようにしています。

雑誌的メルマガ

――対談・座談のほかにも、ふるまいよしこさんや岡田ぱみゅぱみゅさんなどの連載コラムも楽しみにしています。個人メディアであるメルマガが、どんどん雑誌的な広がりを持ってきている。

津田　「メディアの現場」というメルマガの名前ですからね。メディアに興味を持っている人、あるいはマスコミ関係者や出版社の人が読者なので、そういった方たちが面白いと思える企画を連載しています。

そもそも僕は「アンチ・マスメディア」ではないんです。ただ、新聞や雑誌を読んでいるだけではわからないものを記事として作るよう意識している部分はありますね。ほかの有料メルマガをレビューしたりね。メディアの入り口を支えにして「レコメンドメディア」としてもいいものにしたい。

――寄稿者や対談相手も、津田さんが選ばれた人だから読みたくなるんですね。津田大介というブランドが、新聞や雑誌と同じような信頼性を持っている。

津田　僕は自分のブランドを前面に出すことはなるべく避けたいんです。有料メルマガには

「信者ビジネス」っていう批判の声もありますよね。でも、津田マガの感想を読んでいると、僕に対する言及は少ないんですよ。対談相手への感想や、岡田ぱみゅぱみゅとかの連載が面白いという意見が多い。たしかに津田マガは僕の個人ブランドでやっていますが、僕を通じていろんな面白い人の視点を共有してもらっている。ここが堀江貴文さんのメルマガとの大きな違いだと思います。堀江さんのメルマガは、堀江さんの考え方によって構成されています。実際に、ツイートされる感想も、堀江さん自身の考え方や哲学に感銘を受けたという人が多い。僕は自分の考え方をそんなに述べていないんです。ゼロではないけど、ちりばめているくらいで。やっぱり、僕を通して、世の中の面白い人とか、考え方や情報を知る入り口にしてもらいたいというのが編集方針なんで。

新聞社はすごいと実感

――「アンチ・マスメディア」ではなく、既存のメディアも認めていると。

津田　ネットに詳しい論客としては、テレビや新聞で「ネットにはこういう可能性がある！マスコミは変わらなければいけない！」と適当に言っておけばいいところもあって（笑）。言ってしまえば、楽なポジションだったんです。でも、津田マガでスタッフを雇って取材をして、オリジナルの原稿を作ることをやってみると、新聞記者たちの高い壁を感じますね。

裏取りや取材力へコストをかけてやることは新聞の財産だと思います。自分でやり始めたからこそ「新聞社ってすげえな」と日常的に考えることが増えました。たしかに、新聞社の組織ジャーナリズムという前提が、フットワークを鈍くさせているところもあります。150年ほどの歴史の中で、よくも悪くもそういうジャーナリズムの「型」ができている。その「型」から外れたところを突いていくのが、独立メディアやネットジャーナリズムの面白さですね。自分のお金という範囲内で、やれるところまでやりたいなと考えています。

ただし、新聞社の人たちがよく言う（情報への）「価値付け」というものは幻想になってきているのではないでしょうか。読者は（新聞の）作り手が思っているほど「価値付け」を意識していない。今はスマートニュースのようなアプリが出てきて、ソーシャルメディア経由で「価値付け」される時代になってきています。もちろん、だからといって新聞の役割がなくなるのではなく、一つ一つの記事にもっと注力できる時代だということ。極端に言えば、「整理部、いらないんじゃね？」みたいな話になってくる気がしていますね。

――新聞も日経新聞電子版のような課金モデルや、ハフィントン・ポストのようなページビューを集めて広告で稼ぐモデルのように、変わりつつありますね。その潮目の中で、朝日新聞の記者によるツイッターも話題になりました。僕からすると、朝日の記者が個人で語る時代が来るなんて、と驚いたんですが。

津田　ある意味で、一番保守的だった朝日新聞が変わろうとしていますよね。たとえば、アラブで今、起きていることを一番早く入手しようとしたら、中東支局の記者から又聞きするよりも、ツイッターのタイムラインを見ていたほうがスピードの面では早い。もちろん、裏取りの必要はありますが、絶対に早いですよね。朝日の記者でも、ツイッターを駆使していい記者がどんどん出てきています。抜群なのは、テヘラン支局長の神田大介さん。トルコでデモが起きた時も、ツイッターでつぶやき続けていた。もちろん新聞記事も書いているんですが、ＡＫＢ48の総選挙に重なってしまって扱いが小さくなったとかで（笑）。それに対する不満を言いながらも、デモのツイートを続けていたんです。記者の不満までも可視化されて、その情報込みで価値が生まれるという状況は、たしかに変わりましたね。

読まれるべき記事は無料公開

――新聞というメディアと、記者という個人の相克ですね（笑）。

津田　公共性とは何かを考えるきっかけにはなりますよね。僕も、自分のメルマガで「これは多くの人に読まれるべきだ」と思った記事は、無料公開するようにしています。

――最後の質問です。津田さんにとって、メディアとは何なのでしょうか？　ビジネスなのか？　それとも、運動家としてのツールなのか？

津田　そこは自分の中でもかなり曖昧なところがあって。せっかく情報発信できるツールがあるんだから、みんな情報発信すべきだという思いが、まずあるんです。発信しないことには、リターンは得られない。いろんな問題が複雑化していて、埋もれてしまっている問題もたくさんある。そういうものを拾い上げて、社会の論点にするのがかつての新聞や雑誌の役割でしたよね。今はその役割をある程度ネットやソーシャルメディアが担うことができるようになってきました。そうなってきたんだけど、結局ネットで注目されるのは、ゴシップや炎上なんだという残念な現状もあって……。

―― **あります**。

津田　その残念なところを抽出しているだけの、さらに残念なサイトもたくさんある。僕はそうではない形の情報発信をネットで成功させて、そこにお金がついていくようにしたい。ただ、恒常的にお金を稼ぎ続けていくことは、まだまだ苦労しているところもありますね。

メルマガも、別に僕が作りたいメディアだったわけではないんです。メルマガはあくまでマネタイズの下支えとして、新しいものを作るためのエンジンだという考え方でやっています。そんな中でも、協力してくれる人が増えてきて、いろんなトライ・アンド・エラーができるようになってきました。今のところは、誰かに出資してもらっているわけではなく、全部自分のお金でやっています。自分でやることで、見えてくる壁もあるんですが、目標は高くしておかないといけないと思っています。ネットにはこんな可能性があったのか、と言われるようなこともやりたいですし。新しいメディアで、そこで情報を知った人が動くきっかけも作りたい。面白い若者もたくさんいるので、彼らが一刻も早く世の中に出て、活躍できるように後押ししたいという思いも僕の中にはあります。

もう若者ではない

――そうですよね。メルマガでも、ツイッターでも、どんな形でもいいから、情報を整理して、一つの価値観を提供するものが出てくることで、メディアリテラシーは高まると思います。今までの自分の情報網と違う世界に出合って、そこで何かを考えるきっかけになればいいな、と。津田さんともツイッターがなければ出会わなかったわけですし。

津田　そうですよね。年齢とか、立場とかを超えて話せるところがありますよね。

――ネットには、そういう豊穣な一面もあるという意識をみんなが持つ世界になってほしい。

津田　残念な現状もある一方でネットも成熟しつつあって、ツイッターも一つの踊り場にきていると思っているんです。僕ももう40歳、もう全然若者じゃないわけです（笑）。50歳になるまでの10年間で、またマスメディアのいいところ、ネットのいいところを再発見・再評価していきたいですね。似たようなことをやっている人がいないので、実践者としてやっていきたい。新しいことを100個やって、その内9割は失敗すると思うけど、その中で一つくらい当たればいいという考え方で（笑）。あとは、独立メディアがもっと増えてほしいですね。メディアを自分で作るのは孤独でもあるんですが、全く別の世界での知り合いや仲間はどんどん増えている気がします。僕の進む（メディアの）道にはあまり人がいないけど、仲間は増えている。もうやれるところまで行くしかないという感じです。〈了〉

このインタビューの後に届いた津田氏のメルマガは、記念すべき１００号目。その特別企画、コピーライターの糸井重里氏との対談を終えた津田氏は、

「真剣に、心を砕いて、手間暇かけて、自分たちが面白いと思ったことを、他人の力をできるだけ借りずにつくる――『コンテンツづくりに王道なし』」

と述べています。

改めて、個人が「メディアブランド」になる時代の到来を実感します。

中国のマンメディア

私たちは、これまでリアルな人間関係やマスメディアのフィルターを通して「他者の意見」に触れてきました。しかし、今はネット上でさまざまな意見に触れられるメディア環境です。今後、この環境が、世論形成や社会運動に大きな影響を与えていくでしょう。

「アラブの春」に代表されるソーシャルメディアと社会運動の関係については第６章で触れました。この章では、中国における意見発信について考えてみます。

先ほど「集合知メディア」は「口コミサイト」と言われることがあると書きました。中国における「口コミ」の持つ力は、日本とは全く異なるのです。

「メディアの現場」に連載を持つ在中国ジャーナリスト・ふるまいよしこ氏に、中国人と「口コミ」についてお話を聞きました。

「中国人の口コミって、かなり信憑《しんぴょう》性がある」

ふるまいよしこ（フリーランスライター）

プロフィール／北九州大学（現・北九州市立大学）外国語学部中国学科卒業。１９８７年から香港中文大学で広東語を学び雑誌編集者を経て独立。北京を中心に中国情報をリポートするフリーランスライター。著書に、『香港玉手箱』（石風社）、『中国新声代』（集広舎）。夜間飛行にてメルマガ「§中国万華鏡§之ぶんぶくちゃいな」を配信。

――ふるまいさんは、海外からフリーランスの立場で情報を伝えられています。以前、情報の「蛇口」と

してのミッションを果たしたいとおっしゃっていましたね。それは、既存のマスメディアが果たしていたことです。

ふるまい　今、情報発信している方は少なくないと思うのですが、私はライターということもあり、ツイートも人の目を意識して書いています。ツイッターでは中国語と日本語で二つのアカウントを持っています。中国語のアカウントでは、中国人や中国と直接関係のある人をフォローして、中国語でやり取りしています。そこでのやり取りを訳して、日本語のアカウントで流すこともあります。

――**中国語のアカウントも使っていらっしゃるんですね。**

ふるまい　なぜかというと、中国人が日常的に「何を喋っているのか」「何を食べているのか」「何に興味を持っているのか」が如実に現れるからなんです。くだらないことを含めた中国人の姿を、中国語の壁がある人に伝えたい。私は中国の市井《しせい》で暮らしているので、中国人の友達のそれぞれの思いを耳にすることができる。それぞれが抱えている問題も知っているわけです。ただ、そういう個人の憧れ、希望、不満、怒りなどは日本のメディアにはなかなか流れない。メディアでは「中国人民の間で、政府に対する不満が高まっています」とは報道されますが、その不満とは具体的に何なのかが伝わっていない印象ですね。

中国報道の問題点

ふるまい　言葉の壁のお話をしましたが、今の日本の中国報道には、大きな問題があるんです。日本のマスメディアは20～30年前から、評論・分析中心の中国報道をやっている。これが問題で、読者が判断するためのファクト報道が完全に欠けた状態で記者が勝手な評論を展開している。日本人にとって中国が「遠い国」だった昔は、そのやり方でよかったと思います。でも、今は中国という国がとても身近になっています。もっと緻密な情報が流れてもいいのに、ファクトはほとんど流れていない状況です。

――ファクトとは具体的に言うと何なのでしょう？

ふるまい　「中国人たちが今の社会で何を考えているのか」ということですね。「中国人民の間で、政府に対する不満が高まっています」という報道は、現地に住む私は具体的にイメージできます。でも、ファクトを知らない日本人には伝わらない。そのギャップを埋めていくことが今の中国報道で一番大切なことだと思っています。２０１２年の反日デモの時、中国からソーシャルで情報発信していた人は、その思いに駆られていたんだと思います。

――最近は、マスメディアの１次情報に触れる機会も減ってきている。ヤフー・ニュースやスマートニュースなどで、メディアの１次情報が篩にかけられて、二度三度選別された情報に私たちは触れることが多くなりました。だからこそ、リアルで、生の情報のやり取りが、これから必要になるだろうし、価値が生まれ

ると思っています。

ふるまい　そうですね。実際私も何か事件が起こった時にツイッターで情報を流すと、「待ってました」という声も届きます。そういう方は新聞で情報を得た上で、実際はどうなのかと思い、ツイッターを見ているみたいですよ。

――中国の社会にあるだろう多様な意見や、それを権力側がいかにコントロールしているのか、あるいは、しきれていないのか。もちろん、ファクトの一部分は新聞からも出てくる。ただ、もっと深い話を知りたい時に、生の情報が必要になってきますね。現場の取材者による本当の1次情報が。

ふるまい　２００９年にスタートした微博《ウエイボー》（中国版のツイッター風ＳＮＳ）でも、そういう意識を持ってやっている中国人は多いですね。ジャーナリストの安替《アンティ》がかつて面白いことを言っていました。

中国で、地方政府と家の立ち退きで揉めたとしますね。これまでだと、地方から北京に行って陳情するしか方法がなかったんです。でも、お金はないし、列車ではＩＤチェックもされる。そういう関所をかいくぐって、やっと北京にやってきても、役所の入り口で捕まってしまう……。あまりにリスキーだから、これまで黙っていた人民も多かった。でも、今は隣町のインターネットカフェで微博でつぶやくことで、広まることがある時代なんだ――と。

２０１１年の温州市鉄道衝突脱線事故の時も、プロフェッショナルのジャーナリストたちはみんな「これは情報隠蔽《いんぺい》される」と知っていたんです。だから、彼らは記事を書く前から、微博でつぶやき続けていました。列車が宙ぶらりんになっている写真も、携帯で撮影して、微博にアップしていた。それは、「載らない」「書けない」ことがわかっていて、だからこそ、何とかして情報を流さなければいけないという意識があったからですね。日本と比べて、中国で微博やツイッターをやっている人たちは、情報収集の意識や、情報発信のセンスが研ぎ澄まされている印象です。だから、中国人がつぶやく内容は面白いですよ。

テレビも新聞もお上の宣伝媒体

――日本人にとってはネット環境があまりにもオープンだから、その中国人の感覚はわからないでしょうね。情報が統制される国で、自分で何かを伝えること、広めることの意味は重い。中国でネットが解禁されたのは、体制側からするとものすごい脅威だと思います。今までは報道はおろか、広告も統制されていた国ですからね。

ふるまい　テレビや新聞というメディアも、国の宣伝機関と位置付けられています。お上の広告媒体ですね。だから、中国庶民は自分が思っていることが文字になるなんて想像もしていなかった。生活とメディアが完全に区切られていた。微博でメディアとつながる、あるいは情報発信できることは、中国人にとってものすごいブレイクスルーだったと思います。

ずっと情報統制されていた環境だから、もともと中国は口コミの力がある国なんですよ。中国人の口コミって、かなり信憑性があるものも多い。そんな口コミの伝承力が、微博やツイッターというSNSに活かされたところもありますね。最近は微博の記事が削除されることも増えてきたんですが、中国人はめげないと思う（笑）。何か新しいやり方を探すはずです。〈了〉

第4の権力

中国でも「民の心」は、少しずつオープンになってきています。個人の意見の表明は、ネットによって世界中で確実に変わりつつあります。

今まで「世論」というものは、新聞やテレビなどのメディアの課題意識から緩やかな方向付けがなされてきたと感じます。「社会の木鐸」としての公共性を、メディアもまた強く意識してきました。それが時として「第4の権力」と揶揄されることもありました。

そのマスメディアの影響力は、ネットメディアの台頭で徐々に相対化されています。さらには、ソーシャルメディアによって個人の主張が瞬く間に伝播していく環境です。

数値化、可視化される集団意志

最後に、思想家の東浩紀《あずまひろき》氏のお話をお届けいたします。

東氏は、『一般意志2・0 ルソー、フロイト、グーグル』（講談社）において、グーグルやツイッターからルソーの主張する一般意志を読み替えてネットは社会意志のある部分を代弁する機能を持つようになったと述べています。

これまで社会における集団意志は、政治家や政党、マスメディアによって代弁されるケースが多かった。しかし、インターネットの登場によって、その集団意志が（検索結果やソーシャルメディア分析などで）数値化され、可視化されるようになったということです。

思想家として活発な論述活動をされるとともに「福島第一原発観光地化計画」という社会運動を主導している東氏。「ネットと個人」の関わりについて伺いました。

東浩紀（思想家）

プロフィール／1971年生まれ。東京大学大学院総合文化研究科博士課程修了。専門は現代思想、表象文化論、情報社会論。06年より東京工業大学世界文明センター特任教授、10年より早稲田大学文学学術院教授

「『ネット世論』というものがこの世界にあるとは思っていない」

などを歴任。株式会社ゲンロン代表取締役。近著に『一般意志2・0　ルソー、フロイト、グーグル』（講談社）、編著に『チェルノブイリ・ダークツーリズム・ガイド　思想地図β　vol．4－1』（ゲンロン）などがある。

――『一般意志2・0　ルソー、フロイト、グーグル』を出版されたのは2011年でした。今ネットが実社会に与える影響に変化はありますか。いわゆる「ネット世論」というものに、「一般意志」が体現される状況になってきているとお考えでしょうか。ちょうど、「ヤフー・ニュース 意識調査」では、「福島第一原発の観光地化、どう思う?」という設問が出ていました（http://polls.dailynews.yahoo.co.jp/domestic/10030/result）。その回答数を見たら、4万7914票。ちなみに、「『半沢直樹』最終回、視聴率は40％超えると思う?」という設問の回答数は、4万3402票でした。

東　そうなんですか。それは大変なことだ（笑）。

――僕ら広告屋から見ると、これはありえない数字なんです（笑）。それこそ中川淳一郎さんの『ウェブはバカと暇人のもの』じゃないけれど、ネットではエンタメ系ニュースのほうが強いと思いこんでいたところもあって。それが、ヤフーというフラットなメディアの「福島第一原発」というテーマで、4万7914という回答数があった。そして、その回答では、「観光地化」という賛否あるであろう言葉を使っているにもかかわらず、約30％の賛成票が集まっています。

東　なるほど。そんなに投票してくれるとはまさか思わなかった。あと、賛成3割、反対6割（64・9％）というのも、結構いい数字だと思っています。たしかに「観光地化」という言葉は、非常に反発を買うようなものですし。にもかかわらず、これだけ支持してくれる人がいる。これは訴え続けていけば、世の中の空気が変わるかなという感触はありますね。だから、とてもよかったと思っています。

――原発というテーマが、『半沢直樹』というテーマよりも多く回答されている。ネット世論が、熟しつつあるのかなと感じました。

東　そうですね。ただ、僕は「ネット世論」というものがこの世界にあるとは思っていなくて、要はみんながネットを使うようになって、そこにみんなの気持ちが現れたということではないでしょうか。そう考えた時、4万7914いう数字は、多いと言えば多いけれど、世の中全体から見れば少ないわけです。みんながネットを使うことになったことで、先進的な意見も出てくるようになったのかもしれませんけどね。ただ、大多数としては中川淳一郎さんがおっしゃっているような状況だと思いますよ。

ネットにおける「上半身」と「下半身」

――東さんは、子どもたちもネットに触れ始めている中で、ネット上の情報秩序は必要だと考えますか？

それとも流れの中でユーザーがリテラシーを高めていけばいいのでしょうか。

東　僕の考えでは、ネットは人々の感情的な動きを、ある種可視化する装置に過ぎない。だから、メディアリテラシーとかネットリテラシーという言葉自体がふさわしくないかもしれないですね。つまり、ネットとは、発信する側、受ける側と分けるものではない。ソーシャルメディアのつぶやきが、それこそネットの本質で、自分の感情をバッとぶつけて、それが集まって可視化するようなもの。

人々が今何を感じているのかということはそのまま可視化されるけれども、そこで議論を戦わせたり、何かを啓蒙したりするものではない。そう考えると、ネット上で人工的にコントロールして、秩序を作り出すことは、僕の考えにはあまりそぐわない。

——**なるほど。**

東　新聞やテレビなどいわゆるマスメディアしかなかった状態と、今のようにネットがある状態。この二つの違いを考えてみましょう。新聞やテレビしかなかった時代は、人間でいうと「上半身」しか見なくてよかった。「今、日本人はこういうことを考えています」「今、社会ではこういうことが問題です」という、きれいに言語化された世界です。ところが、ネットが出てきたことで「下半身」が見え始めてきた。これはポルノメディアのことだけを言っているのではありません。たとえば、ナショナリズム的な言説、排他的な言説のように、これまで人々が感じていても言葉にしなかったことが、ネットによって言葉にされるようになった。

ただ、これは決して右傾化だとか、人々がバカになったということではない。元々持っていた感情が、可視化されただけなんです。世界の「上半身」だけではなく、「下半身」も見えるようになった。自分たちが持っている醜くて愚かな欲望が、すべて可視化されるようになった世界です。こういう「下半身」が見える世界に、いかに向き合うのかが問われているんだと思います。

バカだということが一気に見える世界
――これまで見なくてよかった感情が見えてくると。

東　だから、僕はメディアリテラシーとかネットリテラシーという問題ではなく、自分たちの存在そのものについて、どう考えているかという話になっていると思うんです。ネットだからバカな話が流通しているのではなく、人間とはそもそもバカなんだと。それが可視化されただけなんですよ。今までは「バカなんだろうな」と思いながらも、バカだということがあまり見えない状態だった。ところが、バカだということが一気に見えちゃう世界になった。

この世界で、人々がどのように振る舞うのかは、よくわからないですね。もしかしたら、耐えられないのかもしれない。ただ、もうこういう世界になっている以上、耐えていくしかないというか……。

ネット上に悪口が書かれていることが問題なのではない。元々、悪口は言われているのであって、それが可視化された状態が問題なんです。悪口を言われているということが、探そうと思えば簡単に見つかる世界で、どうやって生きていくか。

――ジャーナリズムとネットの関係についてはどのように考えますか?

東 ジャーナリズムは、プロフェッショナルな仕事であるべきです。プロフェッショナルとはどういうことか。一つの記事を書くには、お金も手間もかかります。「市民ジャーナリズム」という言葉が、僕はあまり好きじゃないんです。たとえば、目の前で交通事故が起きた。その写真を撮ってネットにアップするというレベルだったらいいと思う。しかし、もっと複雑な事件になった時に、市民目線で取材ができるのか。僕は「市民」が書けることは限られていると思います。

マネタイズの手法を考えて、一つの記事に手間暇をかけている人間じゃなければ、ジャーナリストとは言えないと思うんです。これは僕だけの意見ではなく、世の中も直感的にわかっていることじゃないでしょうか。

市民ジャーナリズムのプラットフォームについての議論が最近ありますが、世の中はついてこないと僕は思う。集合知でできることとできないことがある。たとえば、「ぐるなび」のように「食べ物が美味しい／美味しくない」というテーマについては、市民のさまざまな声を集めたほうが、一人の評論家の意見よりもいい結果が現れることもあるかもしれません。

でも、それをモデルにして、すべてのことができるとは僕は思わない。結局、「欲望の問題」と「真実の問題」は違うんです。ネットは、みんなの「欲望の問題」を可視化する装置なんです。「みんなが何を望んでいるのか」「みんなが何を好きなのか」はわかる。ただし、「何が正しいのか」「何が真実なのか」はわからない。これはすごく大事なところです。

「真実」と「欲望」の違い

東　だから、「みんなが何を望んでいるか」を捉えるメディアとして考えなくてはいけない。でも、それで正しいことはわからないんだと。そこを見失ってしまうと、「みんなが望んでいること」が可視化できるんだから、そこに真実が現れるという発想になる。それが市民ジャーナリズムの発想の根幹です。

――　たとえば、グーグルのサーチ結果は、意志をデータで表す。これは、「真実」ではなく「欲望」の数ですよね。今回のヤフー・ニュースの意識調査も同じで、いろんな意見があると思う。でも、５万人近い人が回答したという数字、30％という賛成票の数字が可視化されたことには意味があると考えています。

東　そう思います。

――**簡単な手段で、可視化できる。社会意志を掴むには、ものすごいスピードです。**

東　たとえばそれも、「福島第一原発の観光地化」というテーマ設定は誰かがやらなくてはいけないわけです。テーマ設定した時に、人々がどのように反応するのかが見えてくる。ただ、「福島第一原発の観光地化」というテーマそのものは、集合知に任せても出てくるものじゃない。先ほどのジャーナリズムについての話も同じですが、最初のテーマ設定については、お金や手間がかかる。それをわかっていないと、今の世の中に流行《はや》っているものをそのまま反映したようなことしかできなくなる。

――**活動や発言の原点は個々人の深い自己洞察からスタートする。いわゆるコピペからではないと。**

東　「福島第一原発の観光地化」は、ちょっと変わったテーマです。その変わったテーマを、世の中である程度受け入れられるようにするには、「投資」が必要になります。今度、本を出版するんですが、そういうことで投資を回収できた場合、ようやく受け入れられるためのサイクルが回っていく。そう考えないと、やはり今の世の中でウケているものをそのままやるしかなくなってしまう。何か面白いことをやった時に、効率よく投資を回収するシステムがネットによって生まれたとは思いますが、前提として「何かをやる」というテーマ設定がなければ意味がないんです。

「資本」を集中させるメディアとして考えた場合、ネットは不向きだと思う。ネットは日銭を稼ぐメディアなんです。この瞬間に、チャリンチャリンと小銭が入る。今、日本では、メールマガジンという時代遅れのメディアが盛んなわけですが、あれも結局日銭が稼げるからなんですよね。

今の日本社会では、資本を集中させることに対して警戒感が強い。とにかく透明で、等身大で、パッと書いて、安い値段で売れる（メルマガのような）あり方が、何か清廉潔白であるかのような雰囲気になってきている。でも、それだけだと面白いものは出てこないわけですよ。資本を集中させるシステムをもう一度作ることが非常に大事になってきますが、残念ながら日本のネットからは出てこなかった。それが今でも新聞やテレビが強いということの意味だと思うんですね。つまり、「資本の集中システムをどう作るのか」ということへの回答を、日本のネットは出せなかったというのが僕の理解です。

ホリエモンのメルマガはすごいのか？

——あくまで、日本では。

東　英語圏では、ネットメディアがもう少しコンテンツに対する支配力を持っているように見えますね。アメリカが日本よりも金持ちだからという理由かもしれないけど（笑）。たとえばジャーナリズムの分野だったら、「ハフィントン・ポスト」でも何でもいいんですが、ネットでコンテンツを作ることができていると思うんです。ところが日本だと、コンテンツを作るのはネットの外側で、ネットはそれに対する反応を可視化しているだけなんです。ネット発のコンテンツが「メールマガジン」だけになっているという。こんなことが続くわけがないというのが僕の考えだし、実際もう限界に来ていると思います。メルマガの購読者数は、以前より伸びなくなっている。

たとえば、ホリエモンのメールマガジンをみんなすごいと言うわけです。たしかに、1万5000人と言われる購読者数はすごいのかもしれない。1万5000人×864円＝1296万円。そこからメルマガスタンドが3割くらい抜いていくと仮定して、約900万円ほどでしょうか。個人として、月収900万円は大変な金額です。大変すごいんだけれども、じゃあそのお金で会社が回せるのかというと、まあ知れたものだと思うんですよ。つまり日本では、堀江さんのような時代の寵児で、誰もが知っている人間が新しいメディア（メルマガ）をやっても、その程度のマネタイズしかできない。それが上限だと。ネットのマネタイズでは大したものが作れないわけですよ。だから、投資できない。

浮いたお金はどこに消えた？

――テクノロジーは細かくなっていくけれど、拡大再生産ではなく縮小再生産とでもいうような、大きな塊ができにくい状態になっていますね。

東　そうなんです。「今までできたことがもっと安くできるよ」というのがネットのやり方なんです。それはそのとおりなんですが、じゃあ浮いたお金はどこに行ったのか？　どこにも行かないで、拡散しちゃっているんです。

この原因は日本の不況のせいかもしれないし、ネットのせいかもしれない。それは僕もよくわからないですね。ただ、資本を集中し、投資することができなければ、いいコンテンツは生まれないことは自明です。

特にジャーナリズムに関して言うと、今の日本の出版業界でもネット業界でも、ジャーナリストに取材費を100万円ポンと出せるメディアはほとんどなくなってると思うんですよ。元々、出版社は、売れるコンテンツで資本を集中させて、一方では社会的意義のあるコンテンツや、面白いものに化けそうなコンテンツに投資する――言わば再配分のシステムだったわけです。出版社以外も、メディア全体がそういう装置になっていた。そして、ネットが出てきて、「売れるもの」「売れないもの」が可視化されるようになり、「そういう再配分は不公平だ」「売れるものにきちんとバックすべきだ」という考え方が出てきた。大学だって同じような状況で、日本全体で同じようなことが起きている。資本を集中させて再配分するシステムが、世の中から支持されなくなってきているし、いろんなものが可視化されることでやりにくくなっている。でも、再配分がないところに進歩はないので……。

――実社会が反映され、可視化されたネット社会で、東さんはこれからどのような活動を?

東　結局のところ、「福島第一原発観光地化計画」というプロジェクトをやるために、持ち出しですごくお金がかかっちゃってるわけですよ。それを本にして出版して、回収できるかということに懸かっている。誰かの紐付きでやっているわけではないから、回収できなかったら先に進めようがないんです。非常にシンプルです。だから、世の中がどう評価してくれるかですよね。本を作って、それを本当に2000円くらいのお金を出して買ってくれるのかどうか。それで買ってくれないんだとしたら、1年間かけたいろんな取材成果を世の中は必要としていないということだから、やめるしかないというか……。

それは単純にお金の問題だけではなくて、「もうこういうスタイルで本を作っても、世の中には受け入れられないんだな」と判断せざるをえない。

今、僕がやっていることは、ある意味ですごく反時代的なことなんです。世の中が好むことは、「福島の人たちみんなで集まって計画を考えました」とか「福島の人たちが意見を交換できるポータルサイトを作りました」というようなことでしょう。そういうことがみんな大好きですよね（笑）。ただ、僕はさきほど集合知のお話をしましたが、ポータルサイトで福島の人たちの意見をたくさん集めたところで、そこからは何も生まれてこないと思っている。だから、僕個人の責任で資本を集中させて、人を限定してコンテンツを作り、その石を投げることをやっているわけです。〈了〉

この章の主張

インターネットは現実社会の「写し鏡」です。

津田、東両氏のように、ネットメディアを言論活動のツールとして活用する行動的な先駆者が出てきています。「メディア・アクティビスト」の登場です。

３・11は、その大きなきっかけであったと思います。

第8章

誰が「広告」を殺すのか

サイエンスとアート

日本の広告界の先人、吉田秀雄は、
「広告は、サイエンスとアートの融合である」
と喝破しました。

インターネットの広告費は、この20年弱で急激に成長しました。新聞・雑誌・テレビ・ラジオなどいわゆるペイドメディア上の広告費でも、２０１０年に新聞を抜いて、テレビに次ぐ存在です。企業が活用するオウンドメディア（自社サイト）やソーシャルメディアのコストを加えると、すでにテレビと並ぶマーケティング費用が投じられているでしょう。

インターネット広告が、既存のマスメディア広告と違う点は三つあります。

1　広告利用者の反応が、ほぼ全数把握できる。オークション形式の広告枠売買モデルや成果報酬型の広告サービスの利用でＣＰＡ（顧客獲得単価）を最小化する検証ができる。

2　データ技術、いわゆるアドテクノロジーを活用して、目的とする広告ターゲットに対してピンポイントな広告発信、効率的な顧客獲得へのターゲティングができる。

3　オウンドメディアやソーシャルメディアページを通じて、ユーザーへの直接的なコンタクトができる（継続的に顧客や見込顧客と接触できる）。

これはまさに、ＩＴがもたらした広告のイノベーションであり、「科学化」です。マーケティングにおいてインターネットの活用は不可欠になり、そのサポートに広告会社をはじめとするマーケティング企業やＩＴ企業、そしてグーグルらのネットメディアが世界規模でしのぎを削っています。

しかし、インターネット広告の拡大とともに、大きな課題も浮上してきています。

広告審査で責任を負う

人は、広告の情報を信頼して、はじめて財布の紐を緩めます。

そういう意味で広告は、強い公共性を有していると言えます。また、購買行動やメディア接触行動は、極めてプライベートな営為であり、その情報は秘匿されるべきものです。

既存のマスメディアの広告では、コストをかけた「広告審査」が行われています。メディアは社会の「公共財」としての意識から、発信するコンテンツと同等に広告に対しても責任を負う仕組みになっている。インターネット広告もまた、ネットメディアの審査を受け、その信頼性を担保する形で掲載されています。ただ、既存のマスメディアと比べて、広告媒体の物理的量は圧倒的に多い。無限大とも言える数で、その手法も多種多様。すべてを審査しきれないがゆえ、ステマなどのアンモラルな広告が堂々と掲載される現実もあります。

楽天のプロ野球日本一記念セール

２０１３年、楽天市場で、楽天ゴールデンイーグルスの日本一を記念したセールが行われました。そこでは通常の出品審査を受けることなく、価格を釣り上げて割引に対応していた店舗があったことがわかりました。結果、三木谷浩史社長らは緊急会見を開き、そこで謝罪。大きなニュースとなりました。

ユーザーにとっては、既存のメディアであってもネットメディアであっても、広告に対するメンタリティは変わりません。であれば、その広告情報のチェックに、どれだけのコストと手間をかけるのか。そこが今問われています。

グーグルやヤフーで検索した際、その検索結果を表示するページには、「広告」という但し書き付きで広告が表示されます。ユーザーは、ヤフーやグーグルを信頼しているからこそ検索をする。信頼されている以上、検索に連動する広告の内容に責任を持たなくてはなりません。ユーザーの検索行動によるアクセスでページビューを獲得し、広告費という対価を得ている以上、事業者には情報責任が生じるのです。

そんな中、アドテクノロジーの進歩によって、広告の安全性を担保できないサービスが急増しています。マスメディアの広告は、物理的にも自社でそのスペースを管理できます。しかし、ネットメディアでは、その広告枠をアドネットワーク（広告配信可能な媒体を多数束ねて広告を配信するネットワーク）に販売委託することが多く、審査・掲載責任の所在が曖昧になるケースも出てきています。

もちろん、多くのアドネットワーク事業者は、広告内容と掲載媒体を24時間３６５日態勢でチェックしていますが、あまりに膨大で無尽蔵なネット広告をチェックしきれていないのが現状です。このようなコンテンツと広告スペースを分離して販売する手法は、より拡大していくと予想されます。広告取引市場で、より効率的に、より直接的に販売され、その対象は一部マスメディアにも及ぶ可能性もあります。証券市場のように機械化され、自動取引によって瞬時に広告掲載に至るプロセスの中で、いかにして広告の信頼性を担保するのか。それと同時に、掲載メディアの信頼性を担保するのか。

「サイエンス」と「アート」の狭間《はざま》で、広告主サイドも強い危機感を持っています。アドテクノロジーの機能優先によるネットアドやターゲティング手法の安全性や信頼性に広告主の立場から警鐘を鳴らす、大和ハウス工業の大島茂氏に、その判断基準と現在のネット広告への危機感を伺います。

「ネット広告産業全体が白眼視される可能性もある」

大島 茂（大和ハウス工業株式会社総合宣伝部第一事業販促室長）

プロフィール／1984年大和ハウス工業入社。営業、経理、情報システム部門を経験した後、07年1月より総合宣伝部デジタルメディア室にてウェブサイトおよびウェブ広告、ソーシャルメディアを統括。公益社団法人日本アドバタイザーズ協会ウェブ広告研究会の幹事も務める。

大島　ネット広告の人たちは、ＣＰＡ（顧客獲得単価）の教育は受けているんだけど、モラルとか信頼性といった広告の基本的な概念について全く教育されていない印象があります。広告を出すのにふさわしい場所やシチュエーションを考えずに、ＣＰＡだけよければいいという感覚。業界全体としても、「ブランドセーフティ」という概念は教育されていないし、広告主サイドもきちんと考えていないんです。

――なるほど。

大島　マス広告をやっていた人は、当然、出稿する新聞の掲載面や番組の内容、雑誌の種類をチェックしますよね。僕はこれが普通の感覚だと思っているんだけれど、日本のデジタル広告をやっている広告主や代理店に、その感覚を持っている人が少ない。

媒体側も、アンモラルな広告は載せたくないでしょう。たとえば日経新聞電子版に、違法DVDの広告が出ていると媒体価値も下がりますよね（笑）。だから、媒体側もブランド側も、自分たちの価値を下げないためには、いかにして信頼性を担保していくのかが一番重要なこと。

だから、企業の担当者は、自社の広告配信先のクオリティを、目を皿にしてチェックしなければならない。今も、グーグルのGDN（グーグルによる自動広告配信ネットワーク）をホワイトリストを使わずに配信してる企業もたくさんあると思うんです。チェックするために広告を掲載するには不都合なサイトを見ると、いろんな有名企業の広告が出てきますよ。広告の配信先はバナーにマウスオーバーしたらわかる。この企業の担当者は何も知らずに出しているのかな、代理店に騙されているのかなと思うこともありますね。代理店もきちんと説明するべきだし、そういう広告を配信したくないのであれば、多少単価が上がっても仕方がない。そのためにも、広告配信先のランク付けをきちんとやっておかないと、企業イメージが悪化したり、ブランド価値が下がってしまう恐れがある。

課題はブランドセーフティ

——インターネット広告の信頼性確立への努力や企業姿勢に、まだまだ至らない点があることは否定できません。

大島　やはり業界全体でブランドセーフティをきちんと考えていくのが今一番の課題になっています。ネット広告が社会から非難されて、ネット広告産業全体が白眼視される可能性もあります。

僕たちはきちんとネット広告を使いこなして、ビジネスにつなげていきたいわけですから、安心して広告を出せる環境を作ってほしい。そのために多少のコストがかかっても仕方がないと僕は思っています。安ければ安いなりにリスクがある。そのリスクを承知で安いものを買うのか、それともリスクヘッジをしてそこにコストを払うのか。広告主側にその判断ができるようなマーケットになってほしいですね。ただ、広告主側にもそういうことに気づいている人が少ないのが寂しいところ。

——私もアドエクスチェンジ（広告の取引市場化）やＲＴＢ（リアルタイム入札）などの、いわゆる自動化によって広告の効率はすごく上がっていると思います。ただ、ブランドセーフティが高まっているかというと、これは全然高まっていない。逆にリスクが拡大している現状がありますね。エージェンシー（代理店）がいて、配信業者もいて、アドネットワーク事業者もいる。コンテンツと広告が分けて考えられているところがありますが、ユーザーはそうは見ませんよね。変なサイトに広告が出ている、あるいは変な広告が出ていると、やっぱり広告主が判断して載せていると考えるのが普通です。

大島　最終的には、広告主とメディアの責任だと思います。広告主がきちんとそういう側面を認知した上で出稿しているのかということですね。

デジタル部門の人材難

――特に、最近は若年者のスマホ利用が増えています。ブランドセーフティだけではなく、モラルのためのコストもかけないといけないと感じています。

大島　スマホの場合はアプリベースの広告も多いので、ウェブサイトとは環境が違ってきますよね。一戸建て住宅のサイトでも、すでに3割ほどがスマホ経由のユーザーです。おそらく賃貸だったらもっと増えるでしょうね。われわれもスマホの広告についてはとても興味がありますが、ブランドセーフティを担保した上でいかに効率よく使っていけるのか。あとは、マーケティングにおける課題もあります。ターゲティング広告（興味に合った広告を個別に配信する手法）とリターゲティング広告（自社サイトを訪れた人へ広告を配信する手法）だと、うちの業種だとターゲティング広告が合っていると思うんです。ただ、どこもリターゲティング広告を推してくるんですよね。リターゲティング広告って、来てくれた人への広告じゃないですか。一企業のサイトに来てくれた人の数って、たかが知れている。だから、来てもらうために広告を仕掛けるわけですが、代理店はリターゲティング広告のほうがＣＰＡ

がいいと言う。それは当たり前ですよね（笑）。「まだ来てくれていない人に、いかに来てもらうのか」を考えなくてはいけない。

――代理店も短期的視野に陥《おちい》りがちです。それをコントロールする人材は育っていますか？

大島　人材という意味でも根深いものがありますね。大和ハウスの宣伝部の中でも、ずっとデジタルをやってきた人間はいろんな意味でスキルを上げているけれど、デジタルをやっていなかった人間にはすごく難しい世界だという先入観があるようです。デジタル特有のとっつきにくさ、これをどうやって解消していくのかが課題になってきている。横文字も多いし、どんどん新しいものが入ってくる世界なので、人材教育は苦労するところです。時間をかけて育てていくしかない。デジタル時代は、これまでよりもコミュニケーションシナリオが重要になってきます。マスメディアを含めて、全体を俯瞰して考えられる人が、日本にはまだ少ない。そうしたことを、われわれブランド側もメディア側も一緒になって考えなければいけない。

広告の仕組みづくり

――新聞社やテレビ局といった、いわゆるマスメディアの経営陣はすごく危機感を持っています。インターネットのようにデータできちんと成果が出てくる状況で、今の「視聴率」のままでいいのかなということ

をテレビ局側が考えるようになっている。インターネットマーケティングのサイエンスの側面が、マスメディアにも影響を及ぼすようになってきています。

大島　たしかにそうですよね。一概に視聴率といっても、リアルタイム視聴、録画視聴とユーザーの接触形態も変わってきている。録画視聴しているからといって、みなさんがCMをスキップしているわけでもないと思いますし。ただし、録画視聴が増えていることはたしかで、そこを含めた視聴率を取っていかないといけないでしょう。あとは、スマートテレビがどこまで日本に普及するのか。テレビとアプリケーションが融合して面白いものが出てくるんじゃないでしょうか。

――　スマートテレビが出てきた時も、やはりブランドセーフティをどこまで維持できるのかが課題になりますね。やっぱりテレビは、パソコンやスマホの画面よりもインパクトが出てくると思うんです。だから、今のネットの環境の中で、きちんとした仕組みを作っておかないといけない。

大島　スマートテレビを含めて、デバイスはどんどん増えてくるでしょうし、いろんなアプリでいろんなサービスが出てくることが楽しみですね。だから、消費者を裏切らないように健全な形で育てていく必要があると思っています。

〈了〉

個人データの許容範囲

最近、インターネットを開くと、同じような広告ばかりが目につく経験をされたことはないでしょうか？　具体的に言うと、とあるまとめサイトの広告枠に、以前ヤフーや楽天で検索した商品が出てくる。その同じ商品が、別のブログの広告枠でも流れてくる――というような。このように、これまでのインターネットの利用傾向を分析して、個人向けにカスタマイズされて表示される広告を「ターゲティング広告」と言います。言わば、「人を追いかける広告」です。ターゲティング広告は、クリック率が高く、ユーザーを企業サイトに誘導するのに効率的です。この技術は急速に進歩しており、過去の利用傾向だけではなく、あらゆるメディアにおける閲覧データを掛けあわせて、より精度を高めるサービスも展開されています。

あらゆるデータとテクノロジーを駆使したシステムを使ったビッグデータによる広告。その中でも最も切れ味の鋭い手法が、このターゲティング広告なのです。

今後、スマートフォンのさらなる普及によって、それぞれのデバイスが個人に結び付く時代が必ずやってきます。それは、インターネットの利用傾向、購買行動、決済履歴、位置情報などの個人情報のみならず、ソーシャルメディアなどでつながっている「他人」の情報までもがデータ化される時代です。

欲しいモノを検索し、友人の評判を聞き、自分が納得できる価格のサイトで、自分が買いたいと思った時間に購入する――。

そのようなプライベートな情報が他者に把握・利用されることを、どこまで許容できますか？　ネットにおけるさまざまな問題に言及し続けてきたやまもといちろう氏に、この問題について伺いました。

「プライバシーポリシーについて、簡潔に説明できる人が必要なんです」

やまもといちろう（ブロガー、実業家）

プロフィール／1973年生まれ。慶應義塾大学卒業。00年、IT技術関連のコンサルティングや知的財産権管理、コンテンツの企画・制作を行うイレギュラーズアンドパートナーズ株式会社を設立。著書に、『情報革命バブルの崩壊』（文春新書）、共著『ネット右翼の矛盾　憂国が招く「亡国」』（宝島社新書）などがある。

――僕が言っちゃいけないことかもしれないんですが、広告自体がクライアント視点で組み立てられすぎるようになって、ユーザーが無視されている現状があります。

やまもと　そうならざるをえないところはあると思います。ただ、それでいいのかという議論がされていないことが問題です。
個人が何を閲覧したのか、何を検索したのか、それによってどのようなアウトプットをしたのかがわかってしまう。「ある情報を与えたらXという行動を取るはずだ」という基準が、時間が経つほど明確化されていく状況です。これこそが究極の個人情報なのに、誰も警鐘を鳴らしていません。
個人の行動や性癖や所得といった、秘匿したいことを、グーグルはかなり正確な情報として抱えているはずです。ある人間の持っている情報から逆算して、「行動させるため」に情報を提供するアルゴリズムになる可能性もある。そういう個人情報を、社会がそこまで容認したわけではない人たちが持っているはずなんです。それが社会にとって健全な方向なのか、全く議論されていない。どこかでその議論を必ずやらないと、知らない間に決まってしまうことになる。サイバー戦争の本質は、実はそこにあると思っています。

個人行動予測のその先に

——自分のことが「どう書かれているのか」という問題だけではなく、閲覧や検索といった「自分の過去の行動を消せるのか」という問題のほうが大きいですね。

やまもと　今は「消せない」方向に向かっていますね。グーグルをはじめ、ネット系事業者は自分からは絶対に手放さないでしょう。その情報が宝ですから。ある程度年を取ってくると、自分の既往歴が他人に知られるリスクを感じるものですが（笑）、これから個人情報は遺伝子レベルまで行き着きます。「自分が自分であるために必要なもの」がすべてわかるということ。

中川淳一郎君は「ウェブはバカと暇人のもの」だという定義をしている。「マジョリティがインターネットを動かしている分、全体の質が低下するのは、彼らのクオリティが低いからだ」という言い方をしますよね。

ただ、私は違うベクトルで考えているんです。どういうことかというと、

「まず全体を規定しているヤツがいる。その規定されたツールをバカが使っているから、バカに見えるんだ」と。

となると、

「ある情報を与えたら、人はこんな行動を取るだろう」

という予測だけではなく、

「ある行動を取らせたいから、この情報を与えよう」

ということになる可能性があるんです。

――個人行動予測のその先にまで入りこんでくると。

やまもと　そうです。たとえば、人の購買行動を分析して、ある情報をインプットすれば、購買行為につながるというデータ分析の結果があるとしましょう。こういったデータ収集は営利活動として消費される部分はあるでしょうし、必要な機能かもしれない。

ただ、これがプロパガンダに使われるとどうなのか？　ある特定の方向へ情報を誘導する、政治宣伝として使われたらどうなのかということです。インターネットが、新聞社の戦争報道と同じ意味合いで利用されることも予測して、制度設計を考える段階にきています。

あなたは社会に情報を預けている

やまもと　要は、現状と今後あるべきプライバシーポリシーについて、簡潔に説明できる人が必要なんです。社会と人間の契約という概念が日本人には希薄ですが、「あなたは社会に情報を預けている」ということを明文化して、納得しないといけない。

――マネタイズの話ばかりで、そういう社会的影響を語る人がそもそもいないですよね。

やまもと　日本人は、形而下の、具体的なビジネスのことしか考えない。「哲学」が抜け落ちているんです。人が何によって構成されているのか考えることは「哲学」ですからね。結局、「なぜ日本ではグーグルやアマゾンが生まれないのか」というようなビジネスの議論はなされるけれど、「ネットと人間」「ネットと社会」といった哲学的な議論はなかなかなされない。だからグリーに代表されるネット企業のような儲けに特化した会社が生まれてしまうんです。

彼らはよく頑張っていた。頑張っていたけれど、彼らがやりたいのは「商業」なんですよ。「商業」に集中するだけで、社会的影響について先回りして考える習慣がない。だから、未成年が使って、未成年者略取が起きるといったことに全く考えが及ばなかった。儲かったら儲かった分だけ仕事を拡大することしか考えられない。ある種、「使ったやつが悪い」という発想なんです。となると、社会はそういう組織を抑圧しようとしますよね。

――わかっていて敢えてやっているのかなと思ったんですが。

やまもと　いや、わかっていないですね。たとえば、客商売をやっていて、目の前に迷惑なお客がいたならば、そのお客に「あなた、迷惑ですよ」と言わなければならない局面が出てきますよね。でも、彼らはそれをやらなかった。お金を落としてくれるのは、どんなに他人に迷惑をかけようと「お客様」であり、迷惑行為も賑やかさの一つだという考え方になっている。「ウェブはバカと暇人のものじゃないですか」「仕方ないですよ」という考え方はあるでしょうが、本当の危険性はそういうレベルじゃないところにあるんです。〈了〉

好き と嫌いは紙一重

人の心は移ろいやすいもの。

「好きと嫌いは紙一重」「昨日の嫌いは今日の好き」——そんな感性の振り子が大きく振れる人の心に刺さる広告、人を動かす広告とはどのようなものなのか。生活者視点でもう一度考える時期がきています。

「サイエンス」と「アート」のバランスについて、ネット広告会社の意見も聞いてみたいと思います。サイバー・コミュニケーションズでCEOを務める新澤明男氏。ネット広告の黎明期から「現場」に立ち続けてきた広告マンに、その現況を伺いました。

「成果が可視化されるネット広告のよさが、悪い方向に働いている」

新澤明男（株式会社サイバー・コミュニケーションズ代表取締役社長）

プロフィール／1998年にcci入社。営業担当を経て、05年に新事業推進本部長に就任。メディア本部長などを経て07年に最高執行責任者（COO）、10年に代表取締役副社長、13年より現職。メディアレップ事業を軸に、先進的なインタラクティブ・マーケティング・サービスの提供、アドネットワークやアドエクスチェンジ事業の推進、ソーシャルメディアやスマートデバイスをはじめとした新領域の開拓に努める。

――まずネット広告の現況をざっくりお話し頂けると。

新澤　２０１２年から２０１３年にかけての潮目の変化は非常に大きなものでした。具体的に言うと二つあります。

一つは、ＰＣにおいては運用型広告（リアルタイム入札で売買されるネット広告）がディスプレイ広告（ページの一部として埋め込まれて表示される、画像やＦｌａｓｈ、動画などによる広告）の領域に及んできたこと。サーチに合わせてディスプレイ広告も運用型ベースに大きく変わりつつあります。

二つ目は、媒体社のページビューがスマホとタブレットに移行していることです。そして、スマホ広告は、単価が非常に安く流通しています。媒体社の収益源の確保が今非常に厳しくなってきている。

先ほど申し上げた運用型広告は、サイバー・コミュニケーションズ（以下、ｃｃｉ）の取り扱いだけでも前年比４倍という直近の数字が出ています。スマートフォンは、前年比２倍強の勢いです。一方、ＰＣのブランディング型を意識した大型のディスプレイ広告や、さまざまなポータルもしくはニュースサイトのリッチ型広告（音声や動画などの仕組みが付加された広告）に関しては横ばいというところです。

――ネット広告は検索型広告を中心とした効率的、もっと言えば人を呼びこみさえすればいいという発想が強くなってきているんじゃないでしょうか。東京大学の橋元良明先生の調査では、10代のネット利用時間はテレビを超えているんですよね。ファーストスクリーンはスマホなんです。そういう状況なんだけど、スマホを含めたネット媒体はいわゆる販促型で、これまでテレビなどのマスメディアが果たしてきた中長期的なブランディングは期待されていない。

新澤　おっしゃるとおりです。先ほど申し上げた運用型広告も、ほとんどがリターゲティング広告なんです。つまり、一度来てくれたお客さんの刈り取り作業。一度クライアントのサイトに来たことがある人たちをずっと追い続けるということです。少なくとも生活者はどこかでそのブランドを発見し、興味を持っている。そのきっかけはテレビを見ながらスマホを片手に持って興味を持った人たちもいるでしょう。ただ、いずれにせよ、どこかに最初があるわけです。本来広告はそのセレンディピティ（思いがけないものに出会う力）を与えるものだったのが、今はその刈り取り作業だけに使われている。

数値化できない

――あとは広告の価値基準の問題です。たとえば、炎上したブログのページビュー単価と、テレビ局が一所懸命作ったドラマ、あるいは新聞社が総力を挙げて取材した記事のページビュー単価が同じであるという問題。言わば、ネット広告単価の「初期設定」の問題ですね。この「初期設定」がパフォーマンス系のメディアにはプラスに働いているんですが、コンテンツを一所懸命作っているメディアには機能していないところがある。

新澤　成果が可視化されるネット広告のよさが、悪い方向に働いている部分もありますね。バナー広告のクリック率ばかりがフィーチャーされている。実際にユーザーがどのようなシチュエーションで広告をクリックしたのか。そういうエモーショナルな部分を数値化することは、まだできていません。その結果、クリックされた数だけでネット広告は評価されてしまいます。たとえそれが、1000回に1回クリックされるかどうかという数字であっても。また、先ほど申し上げたリターゲティング広告のように、メディアの接触とは全く別次元で評価されてしまっていることによって、（1次情報を作っている）優良なコンテンツやメディアとまとめサイトのようなものが、ページビューという同じ土俵で勝負している状況です。優良なメディアに広告を載せたい、いや優良ではないメディアには広告を載せたくないという広告主のニーズに対して、その選別の手法を丁寧に模索しています。それを丁寧にやらなければ、ネットメディアに未来はない。

――　もう一つは、個人を特定できてしまうデータの問題です。当然、ビッグデータの時代で、さまざまな事業が効率化を求めている。広告も同じ状況だと思うのですが、広告は直接コンシューマーに結び付く存在で、慎重な運用が必要になってきます。

新澤　ビッグデータが流行している最近では、ＤＭＰ（広告主が持つデータ、第三者のデータなどを一元管理・分析するプラットフォーム）という言葉がトレンドになってきています。広告主としては、プライベートＤＭＰによって、自社ユーザーを精緻に分析することが必要になってきている。一方で、ｃｃｉ（と広告業界）としてはもう一度データを見つめ直さなければいけない時期だとも考えています。

ｃｃｉも昨年、ＤＭＰ事業をスタートしたんですが、ユーザー動線やコンテンツ設計を見つめなおす上で、メディアにこそＤＭＰを活用してほしいと考えています。そうしなければ、単純に枠だけで商売することになる。データから個人が特定しやすくなっている時代ですし、メディアのデータが抜き取られて加工されてしまう恐れもある。やはり、きちんと自分たちでデータを保護する視点で運用しなければならないですね。

データ利用のリスク

――クッキーを含めたデータ利用は、ユーザーにとって便利であると同時にリスクもありますよね。データ利用をするのかしないのか、その選択権がユーザーにあり、もし利用したくない時にどうすればいいのか。そこをきちんと業界として明示していくことが大切ですよね。

新澤　クライアントが持っている顧客データにしても、メディアが持っているたとえば視聴率のようなデータにしても、生活者一人ひとりの行動そのものです。最も配慮しなくてはならないのは生活者です。おっしゃった選択権の明示についての啓蒙は、この業界としても重要な点になります。とりわけ、このスマートフォン時代は、ＡｐｐｌｅＩＤのようなデバイスＩＤなど、さまざまな形で個人を特定できるデータがあります。位置情報をベースにした個人特定も技術的には可能になる。テクノロジーが進化していく中で、きちんとパーミッション（許可）を得るような仕組みを考えなくてはならない。

――ネット企業の非常に短期的視点の「儲かればいい」というやり方が、コンプガチャなどの問題の背景にあると思っています。これまでのマスメディアの広告審査は、かなり厳しくやっていました。メディアの信頼性を保つことで、テレビや新聞のブランドが維持されてきた。そして、そのブランドに寄り添う形で、クライアントが広告を出し、クライアントのブランドも確立していくという図式がメディアの役割の一つだと思っています。新澤さんとしては、そういう広告の持つ社会性・信頼性を意識されていますか？

新澤　これまでのネット広告は、メディアを立ち上げたらすぐに広告収入の話になるような世界でした。マネタイズ市場に走ってきたから、メディアとしての信頼性も担保できていませんでした。ただ、最近の成長著しいメディアは、最初からマネタイズ一辺倒ではないところもあります。まずは、安心・安全なブランドを形成してから、ユーザーに使ってもらいたいと考えるメディアが成長してきている。たとえばＬＩＮＥは、立ち上げてからユーザーが数千万人規模になるまで広告ビジネスのことは「後回し」にしてきた。ユーザーの安心・安全を第一にして、いきなりマネタイズに走ることがなかったわけです。われわれもそこに賛同し、丁寧に広告商品を設計してきました。今ではＬＩＮＥも、大手広告主が中心となって使うようなメディアになってきています。

――元・電通社長の吉田秀雄さんはテレビメディアを立ち上げると同時に、バックエンドにはきちんと広告が売れるルールを作っていた。同時に、ビデオリサーチのようなデータベースや、ＪＡＲＯのような広告の審査機構も作って、安全でなおかつ効果も出せるメディアを育ててきた実績があります。今はプログラマティックバイイング（データによる自動的広告枠買い付け）の時代だし、スマホによって広告単価が下がっている状況ですが、そこで信頼性を後回しにはしないでほしい。スマホは中長期的に見れば、必ずファーストスクリーンになるメディアです。メディアレップ（広告主と媒体社の間でのネット広告の卸売り問屋的な存在）の背負う役割は大きくなる中、今日の新澤社長のお話を聞いて少し安心できました（笑）。最後に、これは社長としてではなく、黎明期から今日まで「現場」に立ち会われてきた広告人として、広告に懸ける思いを聞かせていただけますか？

新澤　私はまさにインターネットが世の中に出始めた頃に、これが社会の基盤になることを確信してｃｃｉに入社しました。今では、テレビもネットにつながっているし、時計やメガネといったいわゆるウェアラブルも登場しようとしています。さまざまな変化が起こっていますが、おそらくIT業界にいる人も、2~3年後の想定はできても、10年後のことはわからないと思うんです。ただ、いいコンテンツ、いいサービス、いいメディアは形を変えても必ず残っていく。いいものが生活者に提供できるインフラであり続けるためには、きちんと収益が出るエコシステムを作っていかなくてはならない。欲を言えば、広告はエモーショナルなもので、心動かされるもの。20年、30年前の広告で、今でも記憶に残っている広告はたくさんあります。ただ、残念ながらネット広告の中に、10年後に「あの広告よかったね」と言われるようなものはまだ作られていないというのが、個人的な実感です。今の小学生たちが大人になって、「あれよかったね」と懐かしく思い出してもらえるようなマーケティングやキャンペーンを作っていきたいですね。〈了〉

信頼資本主義

今はオウンドメディア（自社サイト）の時代だと言われています。

企業は消費者と直接コンタクトを持つことが可能になり、多くの企業がオウンドメディアに多くのコストをかけて、消費者への情報発信と交流を試みています。消費者も自分のパソコンやスマホから企業と直接対話ができる時代です。

しかし、膨大な数のサイトの中で、消費者を自社メディアに誘導して、購買やブランド認知を維持し続けるには、商業メディアを運営するほどのコストと人材が必要です。

逆にインターネット上で企業活動が可視化されるということで、企業のブランドは、オウンドメディアでの仕掛けや、企業キャラクターを演じる「中の人」のようなソーシャル上で擬人化する試みだけでは構築できない時代に入っています。

人は「消費者」である前に、「生活者」です。

決して企業を自分と対等の存在とはみなしません。

そのギャップがあるからこそ「広告」は、「メディアブランド」の信頼性の包み紙にラッピングされて「生活者」に届けられ、さらに「消費者」へスマートに変化するように誘導してきました。

この原則はインターネット広告でも変わりません。

たとえば、グーグルやヤフーの「公正」で「膨大な」な検索データベースへの信頼によって、そのラッピングの中で検索する消費者を顧客化するメカニズムが成立するのです。

これからのマーケティング担当者は、あらゆる施策をデータとともに検証して可変的に展開していくことが求められます。

テレビ視聴率だけで効率的にものが売れる時代ではありません。

しかし、その前提として、企業活動全体が可視化に晒されている現実を強く意識する必要があります。

東日本大震災の時、個人や公的機関とともに素早く支援活動に立ち上がった民間企業がありました。ヤマト運輸やローソン、ホンダ技研工業、大和ハウス工業、ヤフー、ツイッター、グーグルなどの真摯《しんし》な取り組みは、さまざまなメディアを通じて可視化され、生活者の支持を大きく集めました。それによって、ブランドへの信頼もより強固になりました。

一方、食品表示偽装問題など企業の反社会的行為もまた、瞬時に可視化され、取り返しのつかないブランド毀損《きそん》を発生させます。

このようにインターネットを含めたメディア接触時間が激増する情報氾濫時代において、企業の「社会性」そのものが可視化されているのです。

つまりオウンドメディアの巧拙やそこへ誘導する広告テクニックも重要ですが、企業活動全体の社会的価値そのもの、ひいてはその理念が社会に受け入れられるのかが常に問われる時代なのです。企業への信頼こそが企業存続、成長への最大資本となる「信頼資本主義」時代を迎えていると思います。

この章の主張

インターネット広告は、今までにないきめ細かな効率性を広告主に提供するとともに、「科学的進化」をもたらしました。これはテレビ広告の誕生以上のインパクトを与え、データやテクノロジーを駆使した広告手法が今日も開発されています。そしてこれからはマスメディア広告にも、明確な広告効果を指標としたインターネット広告的モデルが取り入れられるでしょう。

ソーシャルメディアは、人とのつながりを通じてブランドへの愛着を持ってもらう手段ですが、それは企業全体がその気持ちを持たなければ賢明なネットユーザーに「芝居」を見抜かれてしまいます。当然、個人データの利用もその手法がステルス的であれば、ユーザーは個人の情報行動に土足で踏み込む行為としてその企業やメディアを糾弾するでしょう。

ユーザーを「クッキー」や「ＩＤ」の記号としてしか見なければ、その扱い一つでこれまで築いてきた企業やメディアへの信頼は一夜にして崩壊してしまうのが、ビッグデータの時代です。

広告は人の気持ちに寄り添い、ささやき、その気にさせる、企業から生活者へのラブレターです。

初めての人に愛を打ち明けて心を開いてもらうには「メディア」という舞台装置も必要で

すし、「クリエイティブ」という口説き文句も必要です。このような広告の原点を忘れずに、ネットの持つ利便性を活用して、より「心を動かす」広告をいかにして作るかが大切です。いきなり確率論に基づいたラブレターを送りつけても、一度は消費者は興味を持ちますが、二度目は興醒《きょうざ》めしてしまう。「ストーカー」扱いされるリスクもこれからの広告は持つことになります。

それでもいい。振り向く消費者だけ捕まえていけば、あとは野となれ山となれという焼畑商法は、消費者が情報に成熟し、その選択肢が複数ある状況において、破綻していきます。

当然、ネット広告業界もその信頼性確保のために意識的に啓蒙や自己規制活動をしています。その活動の中心が、一般社団法人インターネット広告推進協議会（ＪＩＡＡ）です。日本のインターネット黎明期よりその領域に取り組み、協議会の会長も務めた元・電通副社長の森隆一氏の警鐘を次ページに掲載いたします。

世界で有数の広告成熟社会である日本。

広告人が常にユーザー最優先の意識を持たなければ、そのマーケティングは破綻していくでしょう。「今がよければいい」という短期志向は、コンプガチャ同様に淘汰されていくと思います。広告人のバランス感覚が今、問われています。

インタビュー・コラム④　ネットと民主主義

ネット社会では、デバイスを扱えるかどうかで格差が起きやすくなっている

森 隆一
元・電通副社長

ネットの歴史を振り返ってみると、個人情報保護法（個人情報の保護に関する法律）が一つのターニングポイントだったと思う。成立は2003年だけど、2001年にはネットのプライバシー問題が大きな課題になっていた。これまでもメディアには新聞の読者欄のような装置はあった。ただ、メディアに個人が結び付く数はネットによって段違いに増えたな。その個人情報がどこに行くのかというのが問題だったんだ。

言いにくいけど、昔は新聞社も雑誌社も、読者懸賞ハガキをそこらへんに放置していた（笑）。個人情報保護という概念が希薄な時代があったんだよ。ただ、ネットになってものすごい数の個人情報が集まるようになった。それで、にわかに個人情報への危機感が高まり、その危機感は既存メディアに対しても抱かれるようになったということ。ネット上で起きた問題・課題が、既存メディアに逆流したんだね。だから、既存メディアがきちんとしていて、ネットメディアは杜撰《ずさん》だという見方は一概には言えないよ。

たとえばヤフーには、法務室が作った「アドバイザリーボード」という語り継ぐべきいい仕組みがあった（今も継続中）。自らのメディアで起こった「よくないこと」を把握して、解決する軸を作る会議の場。僕も毎回出席していた。これは他のメディアも見習うべきことだと僕は評価していた。

JIAAは、そういうネットの揺籃《ようらん》期に、環境整備と信頼関係を醸成するため、またネット上の広告指標データの構築に役に立ちたいと思っていた。

ネットメディアと既存メディアの比較を考えると、そこにはいつも「人間の情報への判断力」というテーマが横たわっている。その「判断力」の重要性は今も昔も変わらない。判断力の欠如が受け手側に、あるいは送り手側にあるた

めに、情報に規制をするようなことは昔からあったよね。言ってみれば、言論の自由との葛藤がどの時代にも起きていた。情報の受け手側の判断力さえあれば、いかなる情報が、いかなる情報システムから流れてこようと取捨選択できる。これが情報と人間の本来の関係だった。大原則だったんだね。

現在、インターネットでは、「情報」や「デバイス」による「格差」が極端に生まれている状況。情報ルートがあまりに多様化してしまったために、いわゆるリテラシー教育が整理されないままになっているんだ。一方で、ＳＮＳに流れる情報の真偽に対するリスクには、過剰に反応しているように見える。でも、どの時代も情報のリスクはあったわけ。みんなが過剰に問題視する現状に対しては、少し落ち着いたほうがいいと僕は思っている。

いろんなネット上の問題があるけれど、それが膨張していかないように規制する「清浄作用」のようなものが民主主義にはあると思っている。公教育、個人の情報リテラシーが相対的に高まることでね。民主主義においては、いわゆる「格差」をいかにして最小限にするのかということが、どの時代も最も大事なテーゼになる。それがなくなった瞬間、ものすごい差別社会に突入してしまう。ネット社会では、デバイスを扱えるかどうかでそういう格差がより起きやすくなっているんだ。だから、常に注視して、格差を最小にするために何をすればいいのかを自覚的に考えなければいけない。ジャーナリストがそういうことを意識して記事を書いているかな？　その着眼点で世の中を見ているかな？

それが問われているんだよ。

受け手側にもそれなりの構えと覚悟が必要だね。〈了〉

プロフィール／１９４５年生まれ。電通にて、新聞局長、取締役副社長、同社特別顧問、一般社団法人インターネット広告推進協議会会長をへて公益財団法人吉田秀雄記念事業財団理事長。

第9章

情弱ゼロ社会へ

第5の権力

アジアやアフリカ諸国の中には、スマートフォンの登場によって、仲買人に言われるがままだった農作物の値段を交渉できるようになった国もあるそうです。また前述したように、ソーシャルメディアの普及は、「アラブの春」のような政治変革に影響を及ぼしました。

国家権力が今後「ネット」をどのように位置付けていくのかが注目されます。

国家体制に影響を与えることも大いにありうることから、インターネットはマスメディアに次ぐ「第5の権力」となる過程にあるとも言えます。

そのインターネットをいかにして使いこなすのか。インターネットという波でサーフィンを楽しむ人、大波に飲み込まれて溺れてしまう人、砂浜でその波を見てたじろぐ人。これまでテレビや新聞から情報を受けていればよかった時代から、デバイスの利用能力によって大きな格差が生まれる時代になってきています。

特に10代の若年層は、テレビよりもスマホがファーストスクリーンになっている。実際、ネット上の情報接触に多くの時間を投じています。

ツイッターという140文字の限られた情報でニュースを知り、まとめサイトでその情報を深める世代が生まれつつあります。情報の読み取り方は、確実に変化しています。「LINE」「NAVERまとめ」「BLOGOS」というプラットフォームを持つ、LINE社の田端信太郎執行役員は、その現況に警鐘を鳴らします。

「まとめサイトだけを見て、すべてを読んだ気にならないでほしい」

田端信太郎（ＬＩＮＥ株式会社法人ビジネス担当役員）

プロフィール／1975年生まれ。1999年慶應義塾大学経済学部卒業後、NTTデータ入社。リクルートで「R25」、ライブドアで「BLOGOS」の立ち上げに携わり、コンデ・ナスト・ジェイピー（コンデナスト・デジタル）を経て、12年6月より現職。「LINE」「NAVERまとめ」「livedoorニュース」などの広告事業を含め、LINEの法人ビジネス全般を統括。

――LINE社は、NAVERまとめとBLOGOSという、まとめサイトとブログサイトの老舗《しにせ》をお持ちです。今後どのように発展していくとお考えでしょうか？

田端　ＮＡＶＥＲまとめのトラフィックは月間22億ページビューまできました。月間1億、2億という単位でページビューが増えていて、われわれも驚くほどです。当初は1億ページビューに到達するのにすごく時間がかかっていたのに、今は1カ月で1億ページビューのペースで伸びている。最初の苦労は何だったんだという（笑）。顔を見たことがあるわけではないけれど、実際にコンテンツを作るユーザーに力を貸していただいて、ソーシャルメディアの凄みを改めて感じています。まとめならではの報道スタイルもできつつある。台風とか竜巻、あるいは地震が起こった時、今はみんなスマートフォンでツイッターにアップする時代です。そのつぶやきや写真を整理するだけで、たしかに情報という意味では立体的になります。もちろん情報の信頼性の問題もありますが。

ネット上の責任の所在

田端　たとえば今、私が着ているシャツにケチャップをつけて、暴漢に刺されたふりをして渋谷駅で倒れていたとしますよね。近くにいる人が、倒れている私をスマホで撮影して、ツイッターにアップしてしまった。そのツイートがRTされて、さらにはまとめサイトでまとめられて、狂言でやったことが「渋谷で暴漢による刺殺事件発生」というニュースになる可能性もある。さらに、その写真に（顔が）見切れるようにあるサラリーマン風の男性が写っていたとします。彼は本来であれば外回りで大宮の会社にいるはずだった。会社の上司がそのまとめサイトを見て、「何でこいつは渋谷にいるんだ？　サボっているのか？」ということになった。

これらのあらゆる責任の所在はどこにあるのか、なかなか悩ましいところがあります。それぞれのつぶやきは真実だと思うんです。ただ、まとめサイトの恐ろしさは、光の当て方、編集の仕方でいかようにもできるということ。ある人のくだけた発言、ふざけた発言だけを取り上げて「これ、あなたが言ったことですよね」という取り上げ方というか……。

――編集の恐ろしさはありますよね。

田端　だから、まとめサイトだけを見て、すべてを読んだ気にならないでほしい。まとめサイトは、「知るきっかけ」としてはとても便利です。でも、オリジナルの記事を読みに行くことも必要だし、まとめサイトには悪意は無いにしても「編集」という行為が持つ恣意《しい》性が横たわっていることを、頭の片隅に置いておかないといけない。今はソーシャルですぐに拡散する時代。それが、まとめサイトにとっては「追い風」になってはいます。それでも、何となく空き時間にスマホでまとめサイトを見ただけで、「わかったつもり」になることの危険性はお伝えしたい。

情報ロンダリング、情報の脱色

――まとめる側の価値観も知っておくべきですよね。

田端　それをわかった上で見るべきだということです。昔から、書評を読んだだけで、その本を「読んだつもり」になる、映画評を読んだだけで「見たつもり」になるような構造はありますよね。ただ、まとめサイトはそれが先鋭化、あるいは断片化している。

たとえば、朝日新聞の書評欄を読んでいれば、「この人はこのジャンルの本を、こういう角度で取り上げているんだ」という書評家のアングルやセレクト基準がわかると思うんです。それがわかっていれば、たとえば書評を読んだだけでも、何となく「こういう本なんだろうな」と言えるかもしれない。

でも、よくも悪くも、まとめサイトやBLOGOSといった「プラットフォーム」は、そこに取り込まれた瞬間に、書き手オリジナルの切り口や角度が見えなくなるんです。二重三重にロンダリングされてオリジナルが「脱色」されてしまうというか……。だから、一見無色透明で、ニュートラルな意見に受け止められることもある。

たしかに、すべてオリジナルのコンテンツに触れることは非現実的だと思います。だから、読者のエージェントになって、面白い部分だけを抜き出しているのが、今のまとめサイトです。テレビでも、「COUNT DOWN TV」とか「王様のブランチ」といった番組があるじゃないですか？　ああいうスタイルに近いと思います。こういうメディアも必要だと思ってやっていますが、まとめサイトをきっかけにして、ぜひオリジナルにも触れてほしいという思いがありますね。

〈了〉

ネット利用環境調査

東京大学大学院情報学環の橋元良明教授他による１５００名のランダムサンプリング訪問調査では、全国13歳から69歳のインターネット利用率は全体で92・１％（10代94・２％、20代１００％、30代１００％、40代98・２％、50代94・３％、60代69・７％）。ほとんどの人々がインターネットを利用していることがわかります（図２）。

特に10代においては、２０１２年にテレビの視聴時間をネットの利用時間が抜いています（図３）。モバイルによるネット利用時間がＰＣ（自宅利用）の２倍以上に達し、「モバイルネイティブ」な世代が誕生したと言えます。

最新の調査結果を元に、情報接触時間が激増する現代のネットリテラシーの課題を、橋元教授に伺いました。

図２　年層別ネット利用率（機器問わず）～アンケート調査から

（単位：％）

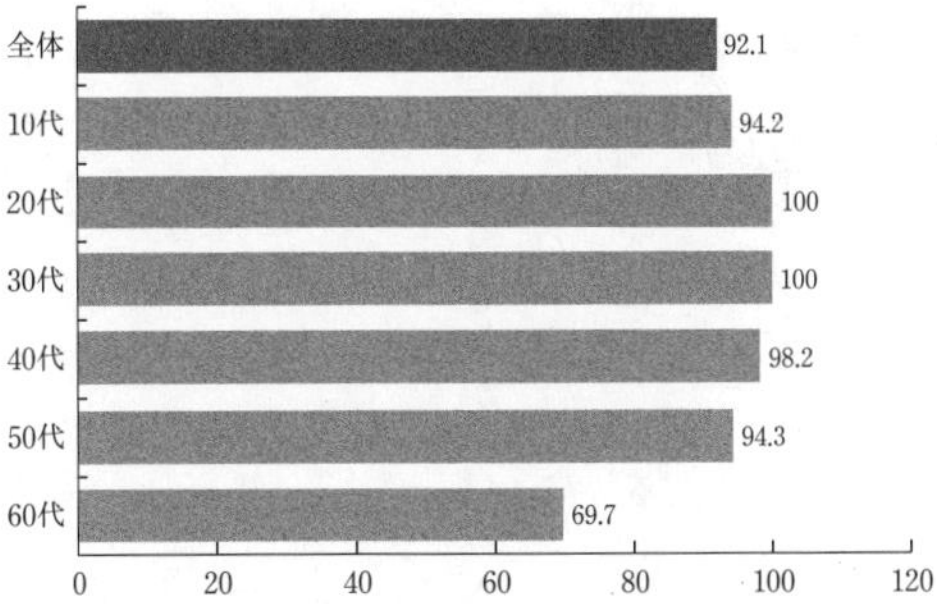

出典：2012年調査「情報通信メディアの利用時間と情報行動に関する調査」（橋元研究室と総務省情報通信政策研究所との共同研究）より

「今の日本は、簡単に世論統制ができてしまいかねない危険な状態がある」

橋元良明（東京大学大学院情報学環教授）

プロフィール／1955年生まれ。1978年東京大学文学部心理学専攻卒業。82年東京大学大学院社会学研究科修士課程修了。現在、東京大学大学院情報学環教授。コミュニケーション論、情報行動論を専攻する。著書に『メディアと日本人』（岩波新書）、共著『ネオ・デジタルネイティブの誕生』（ダイヤモンド社）など。

橋元　私は1995年から日本人の情報行動調査をやっていますが、これからお話しするのは、2012年の中間調査についてです。ネットに関して詳細に調査しました。たとえば、デバイスを問わずにネットを利用しているかどうかを調査すると、20代、30代は100％になっています。

――**シニアも高いですね。**

橋元　2012年に10代のネット利用時間がテレビ視聴時間を超えました（図3）。これは日本人のメディア環境史上の一大転換期だと思います。一方、よく言われる若年層の文字離れは、この調査では起きていないことがわかります（図4）。ネットを含めると、テキスト系情報行動はむしろ長くなっている。スマホでいつも文字を打ったり読んだりしているということです。電子文字を含めて言うと、若い人のほうが文字を消費している。これは比較の

図3　10代における「テレビ視聴時間」と「ネット利用時間」の逆転

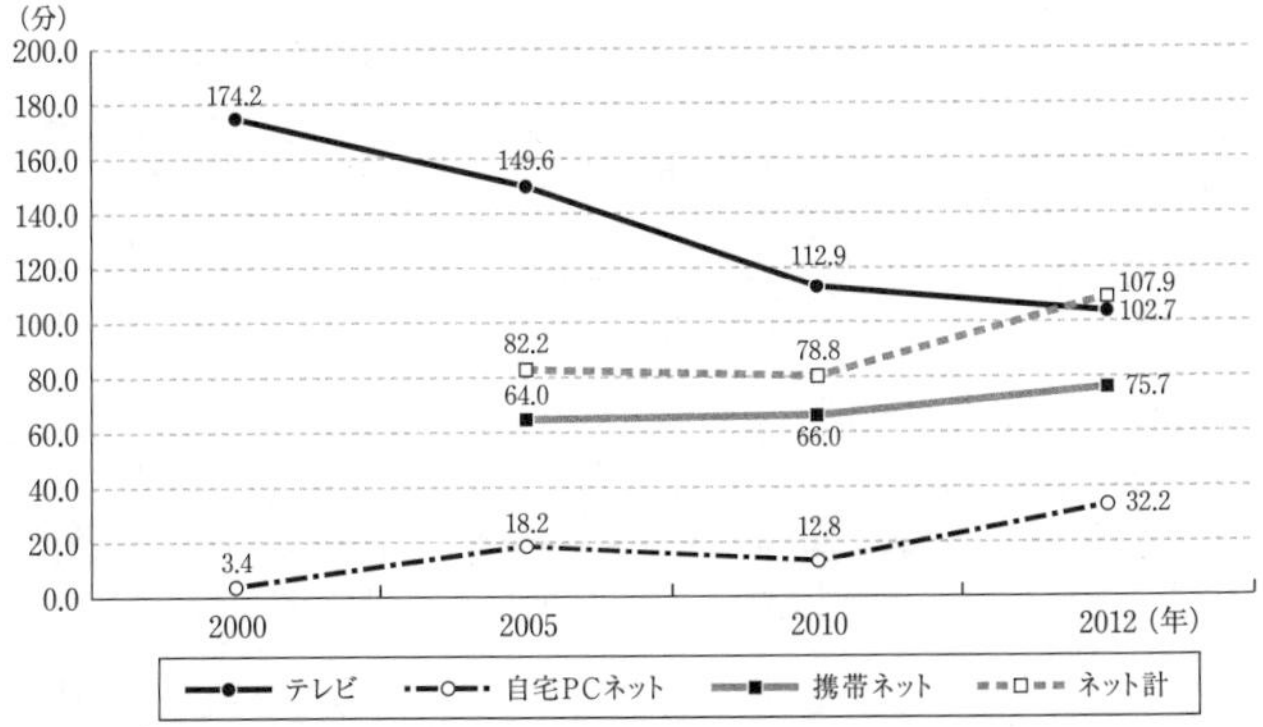

出典：2010年までのデータ：橋元良明『メディアと日本人―変わりゆく日常』(岩波新書) より
2012年のデータ：2012年調査「情報通信メディアの利用時間と情報行動に関する調査」(橋元研究室と総務省情報通信政策研究所との共同研究) より

図4　年齢層別テキスト系情報行動の積み上げグラフ（分）

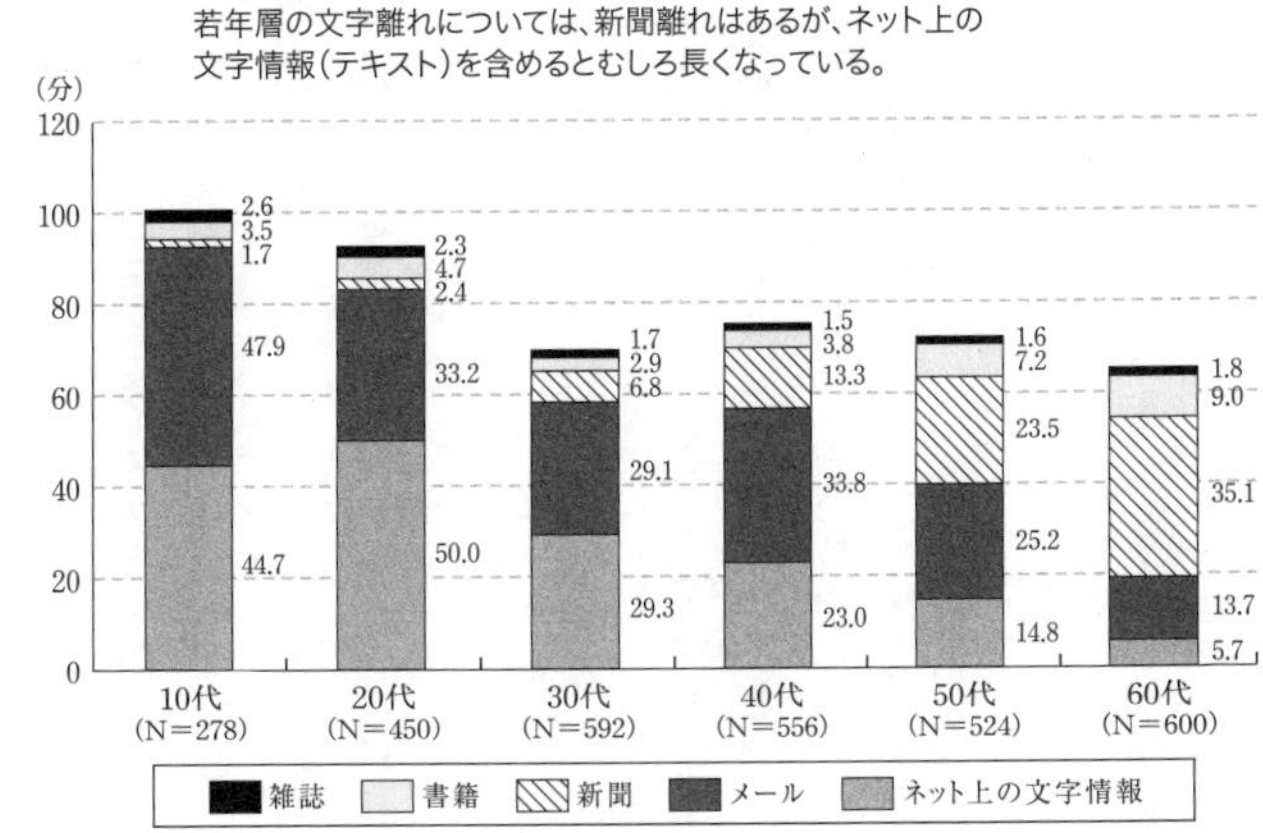

若年層の文字離れについては、新聞離れはあるが、ネット上の
文字情報(テキスト)を含めるとむしろ長くなっている。

※「ネット上の文字情報」とは動画やゲーム以外のブログ、サイトの閲覧を意味する

出典：2012年調査「情報通信メディアの利用時間と情報行動に関する調査」(橋元研究室と総務省情報通信政策研究所との共同研究) より

データはありませんが、人類の有史で、日本の今の若い人ほど文字を消費している世代はないかもしれません。ソーシャルメディアの利用についても、フェイスブックやツイッターなどの利用率は20代で81％。今はもう少し伸びているはずで、9割近くになっているのではないでしょうか。ソーシャルメディアは本来、非同期メディアだけれど、日本の若い人はほぼ同期メディアとして使っています。すぐに反応が返ってきて、そこで自分の存在確認を行っている。

ネット利用がテレビを抜いた！

——自己存在の主張と絆志向が、よくも悪くも多くの時間をSNSで過ごす傾向を生んでいますね。

橋元　ＮＨＫの調査でも、余暇の過ごし方で、一番多かったのは「好きなことをして楽しむ」というものでした。２番目が「絆をたしかめる」というもの。その数字が年々増えているんです。これも日本人のソーシャルメディア好きに拍車をかけているのではないでしょうか。

テレビ、ラジオ、新聞、雑誌、書籍、インターネットという6つのメディアのどこから「趣味・娯楽に関する情報を得る」のか（図5）。これは２０１０年に、ネットがテレビを逆転しました。これも大きな変化です。やはり10代、20代は、テレビではなくネットを選んでいる。

「いち早く世の中のできごとや動きを知る」ためのメディアは、まだまだテレビが強い（図6）。「世の中のできごとや動きについて信頼できる情報を得る」ためのメディアもやはりテ

図５　趣味・娯楽に関する情報を得る

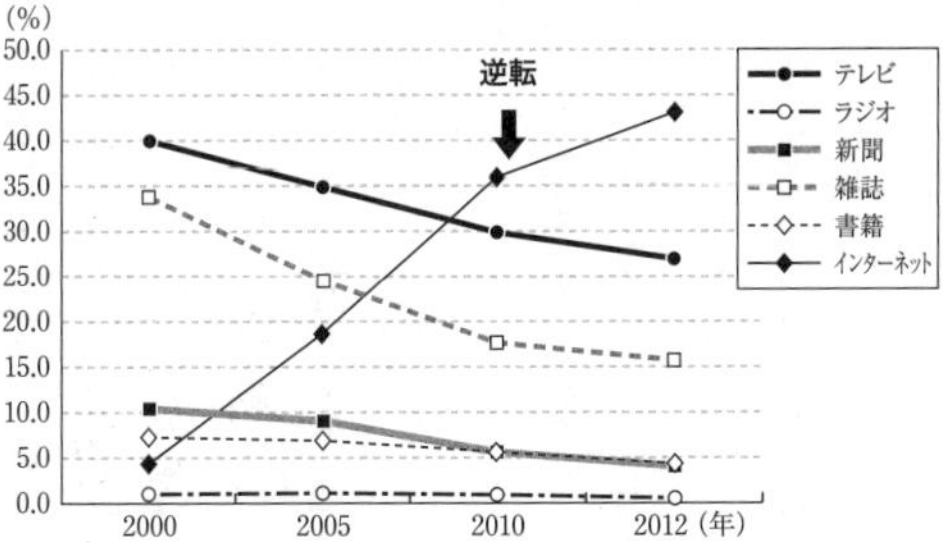

図６　いち早く世の中のできごとや動きを知る（速報性）

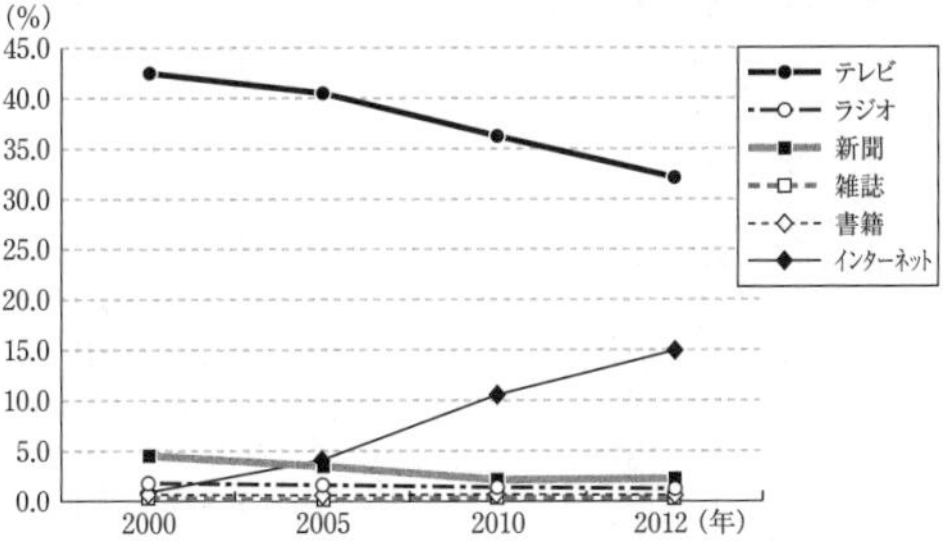

図７　世の中のできごとや動きについて信頼できる情報を得る

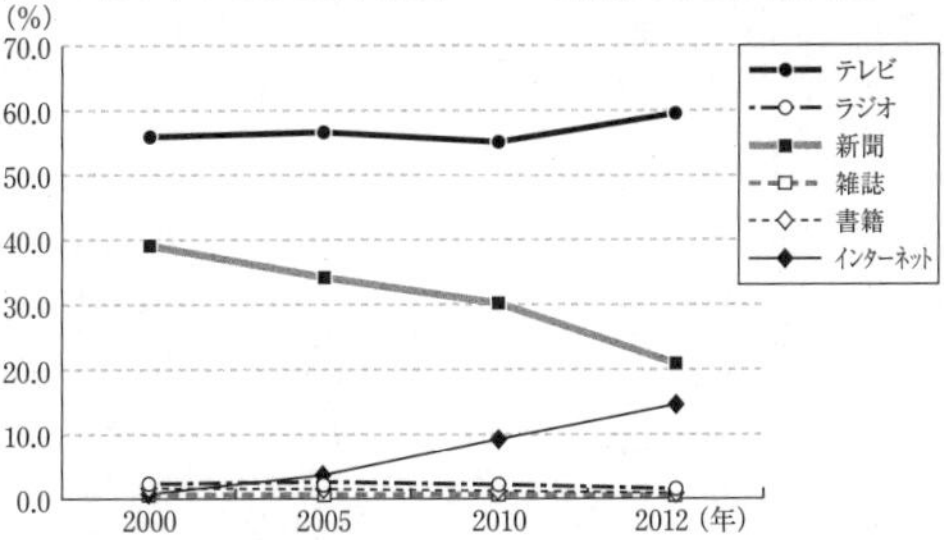

コストなどの関係から実際は「新聞」は読まれていない傾向にあるが、
個別に信頼度を尋ねると最も高い。

2010年までのデータ：橋元良明『メディアと日本人―変わりゆく日常』（岩波新書）より
2012年のデータ：2012年調査「情報通信メディアの利用時間と情報行動に関する調査」（橋元研究室と総務省情報通信政策研究所との共同研究）より

レビがダントツです（図7）。

新聞はグラフ上は落ちてきていますが、新聞の信頼度が下がっているわけではありません。イメージとして、メディアごとに「信頼できるか」という聞き方をすると、新聞はテレビより高い。ただ、「信頼できる情報を実際にどのメディアから得ているか」という質問だと、もう若い人は新聞を取っていませんから、テレビになるんですね。新聞は信頼できるけど、情報を得ているのはテレビだと。

テレビはもどかしい？

橋元　2012年に自宅でのPCネット利用時間がテレビを超えましたが、これはマスメディア支配の情報環境の中で、かなり重要なことだと考えています。特に若い人は、一定時間に一定量のコンテンツが送信されるテレビ的な情報や、受動的な視聴形態への習慣がなくなりつつあります。そういう情報を「もどかしい」と感じる世代ではないでしょうか。
また、10代がネットを使う際、どのような項目に時間を費やしているのかを調べると、ソーシャルメディアやメッセンジャー、チャットという「コミュニケーション系」が91・3分。一方、ブログやユーチューブやラジオなどのいわゆる「コンテンツ系」は47・2分。全体のネット利用の割合でいうと、「コミュニケーション系」は58・7%、「コンテンツ系」は30・

3%なのです。左の図8では、10代と20代の利用時間の内訳を比較しました。

新聞、ラジオ、テレビの登場以来、情報環境は常にマスメディアに支配されていました。受け手側も、既存のメディアが作る情報を受け入れてきた。それが、ネットの普及によって、

図8　モバイルネット利用時間の内訳

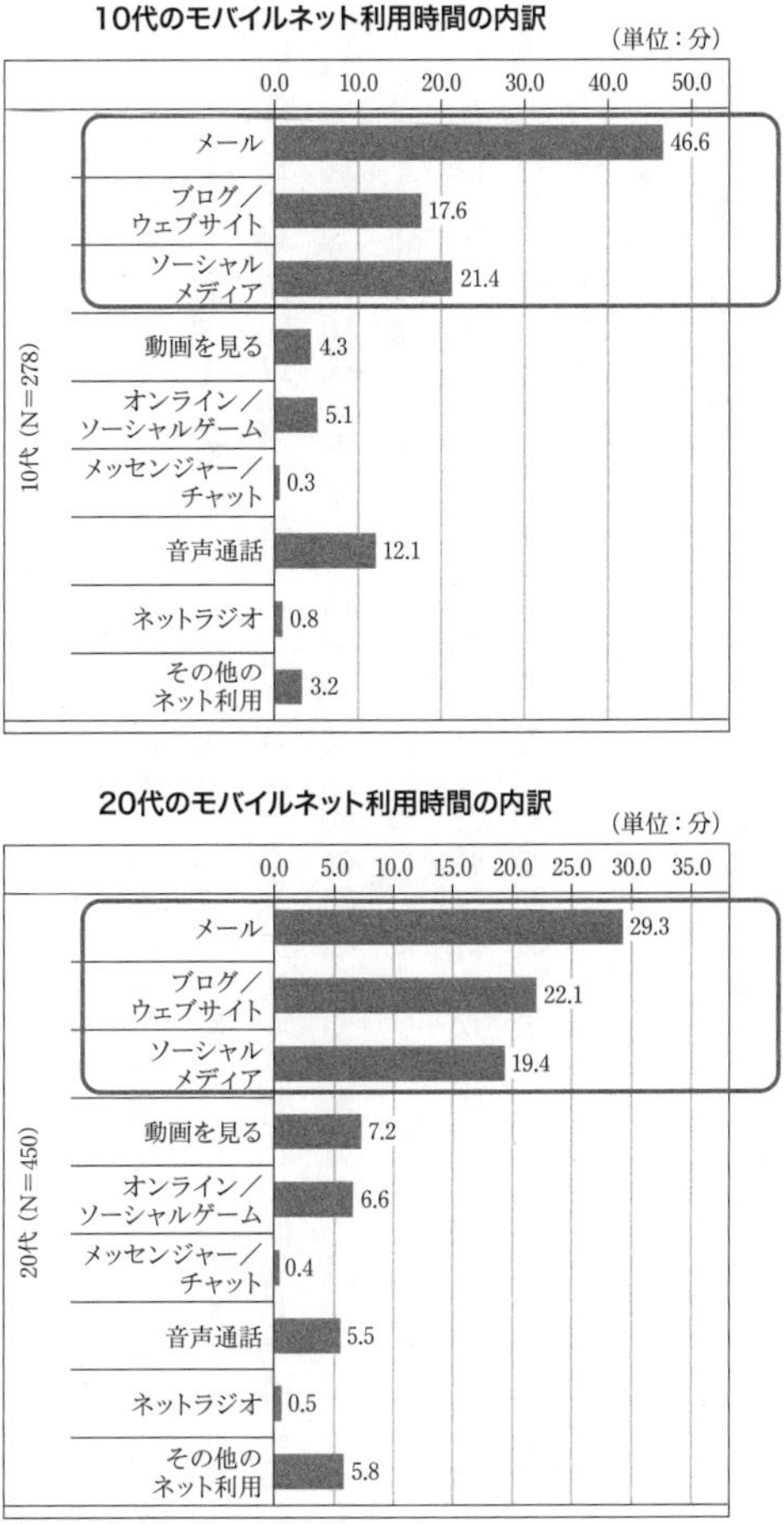

出典：2012年調査「情報通信メディアの利用時間と情報行動に関する調査」（橋元研究室と総務省情報通信政策研究所との共同研究）より

テレビを上回り、さらにネットの中でもメールやソーシャルメディアといった「コミュニケーション系」の利用が6割近くを占めている。いわゆるマスメディアから離れたものになってきているということです。テレビの普及以来、ある程度均質化されていた現実が、インターネットによって個別化していき、主観的現実がバラバラになっているとも言えます。テレビ、いやラジオや新聞以前の、個々でコミュニケーションする時代に回帰しつつあるのではないか。それが今の10代を出発点として、世界的に起こりつつあるのではないか。そう考えるとメディア史的には、一大転換期だと僕は思っています。

受け手側はマスメディア発信の情報を、好きな時に好きな場所でピックアップするようになります。自分の興味のある情報を見るので、関心領域はますます狭小化する。主観的現実は、本当にバラバラになってくるでしょう。

世論統制が簡単にできる国

――情報氾濫時代のメディアリテラシーについてはどのようにお考えでしょうか?

橋元　メディアリテラシーに関しては専門ではないのですが、今日本人は既存マスメディアの権威が必要だと再認識している時期だと考えています。以前、『恋空』や『Ｄｅｅｐ Ｌｏｖｅ』といったケータイ小説がヒットしたことがありましたね。音楽でもひと頃「ニコニコ動画」にプロではない人たちが曲をアップして、同人音楽の始まりだと言われたこともありました。ただ、結局、継続的な大ヒットにつながるものはない。日本人は、文学なり音楽なりの芸術的な真贋《しんがん》を見抜く眼を持っていないとも言えます。そういう審美眼がないのだとしたら、ネットの時代も既存（マスメディア）の権威の洗礼を受けたものしか残っていかないでしょうね。

僕がちょっと危惧を覚えたのは、ドラマ「半沢直樹」の視聴率が40％を超えた時でした。ツイッターでもトレンドワードになって、明らかにソーシャルメディアが視聴率向上の一端を担っていた。これはものすごく危険なことだと思いました。先ほど申し上げたように、主観的現実がバラバラになっているのに、ソーシャルメディアで騒ぎが起きて、一方向的な情報が流れると、近年なかった視聴率が出てしまう。これは、誰かがデマゴーグとなり扇動すると、簡単に世論統制ができてしまいかねないことを示唆しています。ネットで自分の意見を表現できると言うけれど、今の状況は本当に危険な状態。「半沢直樹」の視聴率は40％でしたが、過半数に達する世論を作り出すことも可能な状態です。非常に脆《もろ》い社会になっていることが証明されました。

ローカル化する日本

——メディアのグローバル化の先に未来はありますか？

橋元　メディア環境で言えば、日本は全くグローバル化していないんです。日本人が触れる情報の9割以上は日本語によるもの。日本語という壁に守られて、あるいは障壁となって、日本という部屋の中でコミュニケーションしている状況です。ソーシャルメディアでも、実際に情報交換するのは直接コミュニケーションが交わせる「知り合い」ばかりという状況。村社会を脱していないんです。

日本人は、他者依存的なパーソナリティを持っている人が多い、均質的な集団です。文字通り島国である状況は以前と変わっていない。また、言語コミュニケーションとして、明示しない、はっきり言わない雰囲気もありますよね。「空気を読め」というコミュニケーション様式も発達している。さらには目立つものは排除する、出る杭は打つという横並び志向もある。世界からある意味で取り残された、非常にローカルな情報交換を行っている。

日本人は、自分の悩みを公に伝えてストレス発散する機会を持っていませんよね。たとえば、西洋であればキリスト教という文化があって、教会に足を運んで懺悔《ざんげ》するというストレス発散の機会があった。あるいは、精神分析医やセラピストに、いろんな悩み事を伝えることもわりと一般的です。しかし、日本ではなかなかそういう機会がありません。そこにソーシャルメディアが出てきて、ストレス発散の場として機能しているのではないでしょうか。ある種の「甘えた関係」で、ソーシャルメディアでどうでもいいことをつぶやきあっている。
一方で、ソーシャルメディアにアクセスしないと悪口を書きこまれているかもしれない不安から、「絆依存」や「SNS依存」になっている人もいます。全般的に、非グローバル化、ローカル化、極化が進んでいる。マスメディア環境にしても、プラットフォームは変わってきても、結局メディアコングロマリットの体制は変わっていない。むしろ強化されていると言ってもいい。ローカルメディアが強いアメリカや、市民ジャーナリズムが一定の力を持つ韓国との大きな違いは、このグローバル化に至らない日本的特性によるものかもしれません。

日本的な同調圧力

――スマホもソーシャルメディアも、アメリカ発であっという間に日本に普及しましたね。先生がお書きになられているように、情報感度やメディアリテラシーが高いから、新しいものへの受容性もあるんでしょうね。

橋元　すぐ受け入れますよね。

――ただ、その背景には日本的な同調圧力もある。これは非常に強いですよね。

橋元　強いと思います。

――ソーシャルメディアは多様な文化のもとで、その多様性をつなぐものだったはずなのに、日本は同質性をつなぐものになっている。それが排除の論理を生み出すこともあります。

橋元　ブログにしてもツイッターにしても、同じ意見を持つ者同士でコミュニケーションして、その中で同じような意見がどんどん出てくる。そうなると、次第に極化していき、勇ましい意見だけが増長するんです。そこで「ちょっと落ち着けよ」と言ったら叩かれるので、さらにエスカレートする。これも日本的な特徴ですね。

――多様な意見を認める教育が必要ですね。「メディアリテラシー」というよりも、「コミュニケーションリテラシー」をやっていかないといけない。

橋元　「文化は多様である」といくら言っても簡単にそういう世の中になるとは限りません。功罪は別にしても、たとえば実際に移民を受け入れて、文字通り違う文化の人たちが生活をともにするような、身をもった体験がないと多文化受容にはならないでしょうね。あるいは留学するとか……。現状ではそれが全く逆の状況で、移民が来たら困るし、留学もしたがらない学生が増えている。このような閉鎖した状況では、簡単に多文化受容の雰囲気は生まれないでしょう。

〈了〉

メディアリテラシーの最新情報

朝日新聞「検証・昭和報道」取材班による『新聞と「昭和」』（朝日文庫）は、メディアリテラシーを考える上で非常に得るものが多い一冊です。戦前、戦中の新聞メディアが、いかに大本営などの権力宣伝機関になってしまったか。その歴史を明らかにすることで、メディアがいかに外部から影響を受けているのか、また、情報をどのようにして編集してきたのかがよくわかります。「鵜呑みにしない」姿勢が必要であることを歴史は証明しています。

その姿勢は、これからより重要度を増してくるでしょう。その情報判断力に加えて、「情報発信の心得」も必要になってくるでしょう。『メディア・リテラシー』（岩波新書）の著者で、在米ジャーナリスト、ハーバード大学ニーマンジャーナリズム財団役員の菅谷明子氏に、これからのメディアリテラシーの在り方を伺いました。

「情報に接しているだけでは、メディアリテラシーは身に付かない」

菅谷明子（ジャーナリスト）

プロフィール／コロンビア大学大学院修士課程修了、東京大学大学院博士課程満期退学。「Newsweek」日本版スタッフ、経済産業研究所（RIETI）研究員を歴任。2011〜2012年、ハーバード大学ニーマン特別研究員としてソーシャルメディア時代のジャーナリズムを研究。現在ハーバード大学ニーマンジャーナリズム財団役員。著書に『メディア・リテラシー』、『未来をつくる図書館』（ともに岩波新書）。

――『メディア・リテラシー』（岩波新書）を発表された2000年から、ずいぶん状況が変わりましたね。

菅谷　ソーシャルメディアの登場で情報の流れが劇的に変わりました。ジャーナリズムで言えば、これまでは報道関係者など少数のゲートキーパーが、市民が知るべきことを決めて一方的に伝達していたのが、今やプロの記者から友達の投稿までがフラットに並び、受け手は各媒体をパッケージとして捉えず、好きなものを選んで読むようになり、情報に対する評価も読者主導です。こうした新しいメディア環境では、個々の情報を吟味するためのリテラシーが、益々重要になってきています。

――その中でマスメディアの組織ジャーナリズムもずいぶん意味が変わってきました。たとえば、ハフィントン・ポストのような紙を媒介としないインタラクティブなジャーナリズムは、アメリカではどのように捉えられているのでしょうか？

菅谷　アメリカは、日本ほど紙とデジタルの世界が対立的ではなく、紙媒体を持たずオンライン・オンリーで独自の優れた報道をする機関もたくさんあります。ハフィントン・ポストで言うと、彼らの功績は、既存のコンテンツを再利用し、アルゴリズムやソーシャルメディアを徹底的に活用し、少人数スタッフで短期間に、膨大なアクセスを稼ぐメディアを作りうることを証明した点だと思います。当初は、執筆者に報酬を支払わないなど批判もありましたが、よかれ悪しかれ、今ではアグリゲーションがジャンルとして確立しています。デジタル世界では、読者の行動が把握できる強みがあり、最近はスマートフォンの普及も手伝い、ソーシャルでの拡散をメインとした新興のバイラルメディアが続々登場していますが、可愛い動物の写真や派手な見出しが拡散されがちであるなど、読者の意識レベルの質が問われるとともに、いかに社会的に重要なテーマがより広く読まれ、マネタイズにつなげられるかが課題だと思います。

アメリカのジャーナリズム

――アメリカの新聞社はかなり大変なようですが、調査報道などはどうなっているのでしょうか？

菅谷　アメリカは、広大で多様性に富んだ国で、新聞も各地域に密着している故に、各紙の発行部数も非常に小さく、また、日本のビジネスモデルと異なり、収益の8割程度を広告収入に依存してきたため、デジタル化の影響が直撃しました。中でも調査報道は時間と手間がかかり新聞社は支える体力がなくなっています。

とはいえ、調査報道は民主主義の要ですから、危機感を抱いた資産家や財団の寄付で「非営利メディア」が生まれているのです。この5年ほどで急増し、現在70程あると言われています。2010年、2011年と2年連続でネット調査報道組織「プロパブリカ」がピューリッツアー賞を受賞しました。2012年には、商業サイトとしてハフィントン・ポストが初受賞。2013年には環境問題に特化した「インサイドクライメット・ニュース」というスタッフ7名で、拠点となるオフィスも持たないサイトが受賞し業界に衝撃を与えました。

ジャーナリズムに対する評価も、紙かネットか、また、組織の「格」や規模にかかわらず、報道の中味で評価されるようになっています。このあたりには、アメリカジャーナリズムの底力を感じます。

――アメリカのソーシャルメディアはどのような動きになっていますか？　プラットフォームサイドは、あくまで情報コンベアに徹していて、そこに流れる情報はユーザー個人のリテラシーに判断を委ねているようなところがありますが……。

菅谷　プラットフォームメディアは、場の提供に徹していて、余程の問題がない限り、流れに任せていると思います。そこがダイナミックで、面白いのですが、それを作っているのは個人の発信の集積ですから、まさに一人ひとりの情報発信のあり方が問われることになります。また、プラットフォームには多様な情報がありますが、個人がチェックするのは、自分の関心事だけで「フィルターバブル」と言われるように、各自が泡の膜の内側の狭い世界に閉じているという指摘もあります。

こうした現状をメディアリテラシー的に捉えると、栄養教育の例がわかりやすいかもしれません。これまで定食だったものが、バイキング形式になり、自分の好きな料理を選ぶようになってきた。栄養バランスを考えれば、嫌いな野菜的「情報」にも触れなければなりません。勿論、情報は栄養と違って、何が「身体」にいいのかという明快な指標がありません。とはいえ「共感できる」「面白い」「わかりやすい」からと、聞き心地のいい情報だけに接していると、個人の世界観も偏ってしまいます。結局のところ、個人の影響力が大きくなった今、メディア社会を作って行くのは私達自身であることを認識し行動しなくてはならないと思います。

「どうやって知ったのか」を考える

――　菅谷さんが『メディア・リテラシー』をお書きになられてから、14年が経とうとしています。アメリカのメディアリテラシー教育の現状をお伺いできますか。

菅谷　メディアリテラシーとは、突き詰めて言えば、メディアに対するクリティカル・シンキング（物事を多角的な視点から見て、分析的に捉える力）を養うことです。アメリカでは初等教育から、すでにこうした思考法は教えられていて、事実と意見の違い、本や記事、ビデオ映像や広告などを批判的に見て行くことは、教科を問わず教えられるようになっています。ただ、最新のソーシャルメディアを取り込んだものは、これからだと思います。メディアリテラシーを先導してきた人たちは、必ずしもテクノロジーに明るいとは限らず、一方で、詳しい人たちはテクノロジーに対して楽観的すぎて、批判的思考を歓迎しない場合もある気がします。

とはいえ、メディアリテラシーの基本的な概念は、今でも十分に通じます。まず、メディアリテラシーの必要性ですが、私がよく使うのは「今知っていることを、どうやって知ったのか考えてください」と問いかけることです。そうすると大半は、何らかのメディアで伝えられたことをもとにしていることがわかります。私達は毎日膨大な時間を情報を得るのに使っていますが、それにもかかわらずメディアの情報がどのようなプロセスを経て伝えられるのかを、十分理解していません。メディアが伝える情報は、メディアの特性や伝える側の立場や意図などにより、再構成されたものです。ニュースであれば、報道される出来事は、現実社会を鏡のように映し出したものではなく、さまざまな条件のもとに選択され、編集され伝えられています。

こうした考え方は、ソーシャルメディアにも応用できます。誰もが自由に発信できるとはいえ、何を発信するしない、どう伝えるかなど、常に取捨選択がされています。楽しいことばかり投稿しているからといって、その人に悲しいことがないわけではありません。何かを伝えるということは、何かを伝えないことでもあり、そこにさまざまな思惑や意図があるのは個人も組織も同じです。

カナダ・オンタリオ州の事例

菅谷　メディアの特性について、1986年からメディアリテラシーを公教育で取り入れている、カナダ・オンタリオ州の例を使って紹介しましょう。以下の7項目になります。

1　メディアが伝える情報は、構成されたものである
2　メディアの情報が現実のイメージを構成してしまう
3　同じ情報も受け手によって解釈が異なる
4　メディアの大半はビジネス（商業的なもの）である
5　メディアの情報には価値観やイデオロギーが含まれる
6　メディアは、社会的・政治的な影響力を持つ
7　メディアの特性によって伝わる内容が異なる

また、情報を評価する際に注意するポイントは、発信者の特性、発信の目的、裏付け情報源の特性（客観性・信憑性など）で、これらを押さえておけば、どのような情報であれ、ある程度評価できると思います。また、どんなことが伝えられていないかを考えることも非常に重要です。

――その7つの意識を持たせるための教育が必要なのでしょうか？　それとも、この情報社会で生活していく中で、自然に身につくものでしょうか？

菅谷　情報に接しているだけでは、メディアリテラシーは身に付かないと思います。これまでさまざまな方々を対象に講演やワークショップを行ってきましたが、特に一般の方々は「そんな風に考えたことは全くなかった」という反応が一般的です。たとえば、民放テレビが無料で見られるのは、コマーシャルがあるからだとわかっていても、それが番組作りとどう関わっているのかなど、深いところまで理解されている方は多くはありません。グーグルサーチが無料である理由を明快に答えられるケースも稀《まれ》です。これはメディアリテラシーの問題というよりも、日本における批判的思考の育成の欠如と関わりがあると思います。メディアが真に成熟するためには、洗練された市民の存在が不可欠です。また、これからのメディアリテラシーは、情報の受け止め方だけでなく、メディアをいかに戦略的に使って社会をいい方向に導くのか、という活用の部分もさらに重要になるでしょう。

これまでのメディアリテラシーは、教科で言うと読み書きの「国語」が中心でした。でも、今はソーシャルな「社会科」も必要になっています。つまり、受け手（読み手）としてだけではなく、社会や人との関係においてどのように自分の国語力を活かしていくべきか。自分が発信したものが、どのように受け止められるのか。また、効果的にコミュニケーションをするためには、どのように発信すべきなのか。新しいメディアリテラシーには、社会との関係を考えることが不可欠になってきているのです。〈了〉

この章の主張

現代のメディアリテラシーにおいては、「国語」教育だけではなく「社会科」教育も必要である——。この菅谷氏の視座には全く同感です。

橋元教授は『メディアと日本人』で、以下のような提言をしています。

新しいネット文化に求められるのは、一つにその真贋や質を評価する新たなシステムの構築である。しかし、そのシステムすら、ネット上ではシステムを熟知した少数のデマゴーグが操作するものに堕しかねない。とくに「空気を読む」ことが何より大事とされるような日本にあっては、異端、少数派も排除・軽視せず、それを支持する意見が抑圧されない風土の再構築と、大勢に流されない個々人の鑑識眼の育成が喫緊の重要課題であろう。もっとも、これはメディアの問題とは次元を別にする文化そのものの問題である。

この一文は、国の文化の表現現場と言われるメディアにとって、大きな課題になります。戦後のメディアは、戦争遂行の宣伝装置になったことへの猛省と批判からスタートしました。そして読者や視聴者も、その内容に批判や賛同することで成長してきました。ネットメディアもメディアリテラシーの向上と、ユーザーからの厳しい視線に晒されることで成長する可能性は高いと思います。

ただし、その前提として、ネットメディアがその社会的影響力を自覚して、信頼性確保に努める意識を持たねばなりません。

マスメディアもネットメディアも「社会の公器」であることに変わりはない。他のビジネスと一線を画すのは、この一点です。

その責任をネットメディアに関わる人びとは持っているのか。

メディアをマネタイズの手段として理解し、その社会性をないがしろにしていないか。

今、それが問われています。

第10章

メディアの役割

2013年11月28日。五反田――。

東浩紀氏が主宰する「ゲンロンカフェ」のイベント（津田大介×ふるまいよしこ「日中メディア徹底検証～近くて遠い国と比べる情報環境のうらおもて～」）で、津田大介氏と対談した中国・北京在住のフリーライターのふるまいよしこ氏は、

「中国ではネットメディアの登場でジャーナリストは直接、読者とつながる武器を得た。統制される報道メディアで取り上げられない社会矛盾テーマを規制といたちごっこしながら自ら報道しようとする。それに呼応する市民も多く、体制側も無視できないし、逆にインターネット世論を誘導しようとする時代です」

と、ネットメディアの登場が、いかに国家体制や市民生活へインパクトを与え、また既成メディアへの評価を相対化させたのか、生の現場レポートとして語られました。

そして津田氏は、

「日本のジャーナリストは、もっとインターネットの力を活用すべき。そこに紙面の制限もないし、取材対象は空間を超えて広がり、その報道へのインパクトも把握しながら、報道をよりリアルなファクトに迫るものにクオリティを高められる。ある意味、規制のある中国ジャーナリストの方が、真実を伝えようとするジャーナリズム精神が切迫して息づいているのかもしれない」と語りました。まさにリアルタイムジャーナリズムです。

朝日新聞の古田大輔記者はインターネットをフル活用して、「特定秘密保護法への意見リサーチマップ」をまとめ、同法案の国会審議中に朝日デジタルを通じて、識者との座談会をリアルタイム映像中継。ツイッターで視聴者からの質問にも答えるという、新しいジャーナリズムの形に挑戦しました。

毎日新聞の小川一編集編成局長も、個人的見解としながらも、特定秘密保護法反対の意志をネット上でつぶやいています。

12月5日深夜、東浩紀氏、津田大介氏をはじめとする「福島第一原発観光地化計画」のメンバーは、同日昼に訪ねた福島第一原発の事故現場を、ニコニコ動画で緊急報告しました。

日本経済新聞の芹川洋一論説委員長は、2014年4月6日朝刊で、「ナショナリズムをつくりだすのがメディアなら、偏狭で排他的なものに陥らないようにできるのもまたメディアである。（中略）新聞だけでなく電子媒体を通じて、現実を直視した冷静な視点にもとづく情報を、ネット空間に流していくことも今日的な課題になっている」と述べています。全く同意します。

知のストック機能

津田氏がメルマガ「津田大介の『メディアの現場』100号記念号」の中で、

「ここ1、2年の情報に関する議論で言うと『情報爆発の時代だから、キュレーションが大事だ』っていうものもありますよね」「情報の紹介者は、そういうどこか相対的な視点のなかから絶対的な価値を探し出す能力が必要になるということですね」と述べ、「正直ここまでネットの情報が『水物』になるとは思わなかったんですね。だからこそネットでは『続ける』ことのとても大きな価値が生まれているんだと。でも、同時に、漫然と続けるだけではダメだとも思うんです」とインターネットでの知の集積への持続の必要性を語る言葉は、インターネットメディアに必要な多様性の中の信頼性、それを構築するための意志ある持続性、その結果としての知のストックの構築の必要性への決意であると感じました。

東日本大震災は、インターネットメディアに大きなインパクトをもたらしました。

インターネットが人の安全をサポートした。

インターネットが人のつながりを広げた。

インターネットが会社や組織を動かした。

インターネットがメディアの社会的役割を浮き彫りにした。

そして、インターネットは決して「バカと暇人」の遊び道具だけではなかった。

「私的情報空間」から「社会的情報空間」へ発展していきました。

メディアは権威ではない

僕は今後インターネットは、人類に新しい価値をもたらす「孵化器《ふか》」になると考えています。その価値創造は、インターネット上に情報空間を提供するプラットフォームが、社会公共空間としての「信頼性」を担保する努力を続けること。「ツールの提供者」というユーザーをマネタイズの顧客としてしか見ない、無責任なポジションに逃げないこと。また逃がさないこと。個人がきっちりインターネットを活用するメディアリテラシーを身につけるように努力すること。そして、その状況をインターネットに関わるあらゆるプレーヤーが助けること――。

そうした努力がなければ、インターネットは社会の新しい階層化と断絶を招きかねない存在となりかねません。

そのために、マスメディアもネットメディアも個人メディアも、それぞれ社会の信頼を得て、ネット情報社会の「羅針盤」となる覚悟を持つことが必要です。さらに「権威」としての役割から、情報空間の「行司役」や「飛脚」としての役割を持つことも必要です。

もちろん、インターネットでの広告や企業マーケティング活動もその影響力を意識して、常にオープンな情報空間につながり、可視化されているという強い自覚が必要になります。ユーザーを欺くサービスやマーケティングは、企業の存続を許さない時代になっています。

人工知能やニューロコンピュータによる人間の感性までをも分析する技術、ウェアラブルデバイスを通じて得られる膨大な個人の行動情報、そしてクラウドに集積する多様なビッグデータ――これらはインターネットをコアにした、新しいビジネスの機会や効率化を急速にもたらすテクノロジーです。ある意味テクノロジーが人間を超えて、「神」の領域に入りつつあるのかもしれません。

集合知性体として機能せよ

しかし、われわれは「臨界コントロール」できず、「神」の領域に入ってしまった原子力問題に直面しています。インターネットが「神」の領域に入る前に、そのリスクを改めて人知を尽くして検証し、「安全システム」を作ることが今、必要ではないでしょうか。インターネットは「廃炉」にはできないのです。

そのためには、ページビューを貨幣価値とする「集金装置」である前に、メディアや個人が「信頼」を貨幣価値とする「集合知性体」として機能することが必要であると僕は考えています。

「バルス!」がツイッターの世界記録を作ったように、日本のメディアには感動を作るパワーがあり、そのユーザー風土があります。それは何百万人の人々が同時に感動を共感できる素晴らしい感性社会であるとともに、ポピュリズムに流れやすいリスクを負った文化風土だということもできるでしょう。

それゆえに、メディアが「新しい社会の木鐸」として果たすべき役割も、日本社会には重要です。

グーグルのエリック・シュミット会長は、近著『第五の権力　Ｇｏｏｇｌｅには見えている未来』（ダイヤモンド社）で、インターネットはユーザーに「第五の権力」を持たせることになると説いています。しかし、リアルの世界はそんなに牧歌的な状況ではありません。

これからのメディアの役割は「権力」ではなく、いかに「情報平等社会」の創造に貢献できるかになるでしょう。ネット情報社会の混乱や、クラウドモンスターの横暴が産む「合理性」は、情報弱者を被害者にする危険性を孕んだものです。マスメディアが社会を誘導できる時代は去りつつあるかもしれませんが、新しいメディアが社会に貢献できる機会は大きく広がっていると思います。

主役は誰なのか？

インターネットの主役はあくまでユーザーであり読者であり視聴者です。

インターネットはそれを映す鏡でしかありません。

その鏡を磨く役割が今、メディアには与えられていると思います。

本書でさまざまな方々とインターネットメディアに関するお話ができました。誰もがそれを「磨きたい」という志に溢れ、語り尽くせない思いを吐露してくださいました。

本書によってその「気概」の一部でもお伝えできれば幸いです。

新聞少年からスタートした自分ですが、インターネットメディアの最前線で躍動する社会変化の時代に立ち会えたことに感謝しながら、本稿を閉じたいと思います。

おわりに

本書は、私が株式会社サイバー・コミュニケーションズの社長を退任した折、同社の平井敬君から光文社の新書編集部の樋口健さんを紹介されたことから始まりました。平井君は、僕が同社で一番力を入れた仕事であった「ソーシャルメディアウィーク」のプロデューサーです。彼に紹介されたことから当初は、私がその立ち上がりから携わった日本のインターネット広告の歴史を記録に残そうと思い、ペンを執りました。

しかし、私は35年の広告業界での生活で「メディアがなければ、広告とは生活者にとって雑音に過ぎない」と思い込んでしまっている異端のアドマンです。

広告を語るのであれば、メディアを語らなければ意味がない。

そう思い、樋口さんの許しを得て「メディアの未来」をテーマにすることにしました。

とはいえ、黒子であるアドマンはメディアを一人称で語る立場ではありません。

この際、35年のビジネス人生で得た知己「メディアの達人」が今、何を思い、何を企んでいるのかを聞いて紹介するのが私の役割だと思い、取材のアポを入れました。

ご登場いただいたのは、すべて仕事やネットを通じて知り合った方々です。

皆様、大変お忙しい中、取材に応じてくださいました。また、その熱い思いを語っていただきました。紙幅の関係でその貴重なお話の一部しかお伝えできない失礼をお許しください。

最後に本書の執筆にあたり、多大なアドバイスやご意見を頂戴したインターネットメディアの3人の編集長（「ハフィントン・ポスト」松浦茂樹編集長、「現代ビジネス」瀬尾傑編集長、「東洋経済オンライン」佐々木紀彦編集長）の声を、WEBからお届けします。お時間のある時に、「現代ビジネス」のサイトをお訪ねください。

http://gendai.ismedia.jp/

貴重なオピニオンをくださった先達に、深く御礼を申し上げます。

この取材活動を通じて、メディアの大切さを改めて感じ、これまで多くの時間を投じたメディアの世界を通じての仕事が、ささやかながら意義があったのかなと自覚できたことは大きな喜びです。

この機会をくださった光文社、並びに光文社新書編集部の樋口健さんに心より御礼申し上げます。

長澤秀行

2014年　春

長澤秀行（ながさわひでゆき）
1954年生まれ。1977年東京大学文学部国史学科卒業後、電通入社。新聞局で新聞広告を15年担当し、ネット創成期に各新聞社のネットニュース事業の立ち上げに携わる。インターネットメディア部長などを経て、2004年インタラクティブ・コミュニケーション局長、2006年株式会社サイバー・コミュニケーションズ（cci）代表取締役社長CEOとして、メディアレップ事業を指揮。2013年退任後、電通デジタル・ビジネス局局長を経て、現在は一般社団法人インターネット広告推進協議会事務局長。本書が初の著書となる。
Twitter @naga8888

メディアの苦悩《くのう》　28人《にん》の証言《しょうげん》

2014年5月20日初版1刷発行

編著者 —— 長澤秀行
発行者 —— 丸山弘順
装　幀 —— アラン・チャン
印刷所 —— 堀内印刷
製本所 —— 関川製本
発行所 —— 株式会社光文社
東京都文京区音羽1-16-6（〒112-8011）
http://www.kobunsha.com/
電　話 —— 編集部03（5395）8289　書籍販売部03（5395）8116
業務部03（5395）8125
メール —— sinsyo@kobunsha.com

　ISBN 978-4-334-03798-7

664
〈オールカラー版〉日本画を描く悦び
千住博
ヴェネツィア・ビエンナーレで東洋人初の名誉賞を受賞した著者が、母の影響から人生を変えた岩絵の具との出会い、日本画の持つ底力まで、思いのすべてを描き尽くした一冊。
978-4-334-03767-3

665
世界で最もイノベーティブな組織の作り方
山口周
イノベーションを生み出すための組織とリーダーシップのあり方とは？　組織開発が専門のヘイグループに所属する著者が、豊富な事例やデータをまじえながらわかりやすく解説！
978-4-334-03768-0

666
迷惑行為はなぜなくならないのか？
「迷惑学」から見た日本社会
北折充隆
USJ大学生&飲食店バイトのツイッター問題、歩きスマホ、電車の座席での大股開き――とかく今の日本は迷惑行為だらけ。「迷惑学」の観点から、この現象を徹底的に考えてみた。
978-4-334-03769-7

667
『風立ちぬ』を語る
宮崎駿とスタジオジブリ、その軌跡と未来
岡田斗司夫　FREEex
宮崎駿が初めて大人向けに作った、最後の長編『風立ちぬ』。賛否が分かれる本作品をどう読み解くか？　これまでのジブリアニメもひもときつつ、宮崎駿の実像とその技巧に迫る。
978-4-334-03770-3

668
論理的に考え、書く力
芳沢光雄
クリエイティブな発想が求められる現代に欠かせない要素とは？　消費増税、経済成長率など、新鮮な題材を用いて、「これからの時代に必要な能力」を平易に伝える。
978-4-334-03771-0

669
消費増税は本当に必要なのか？
借金と歳出のムダから考える日本財政
上村敏之
どんどん膨れ上がる日本の借金。消費増税で本当に財政再建はできるのか？ 税金、公債、歳出のムダなど喫緊の課題を手がかりに、〝国家の財布〟を見る目を鍛える。
978-4-334-03772-7

670
談志の十八番
必聴！ 名演・名盤ガイド
広瀬和生
最晩年まで談志の高座を追いかけ続けた著者が、「入門者にお勧めしたい十八番演目」という切り口で贈る、CD・DVD・ネット配信コンテンツの名演ガイド決定版！
978-4-334-03773-4

671
就活のコノヤロー
ネット就活の限界。その先は？
石渡嶺司
『就活のバカヤロー』から6年で、何がどう変わったのか？ 長年、就活の取材を続けてきた著者が、学生、企業、大学のホンネに迫りつつ、その最前線の取り組みをレポート。
978-4-334-03774-1

672
回避性愛着障害
絆が稀薄な人たち
岡田尊司
親密な関係が苦手、責任や束縛を嫌う、傷つくことに敏感、失敗を恐れる……。急増する回避型の愛着スタイルは、少子化・晩婚化の真の原因か？ 現代人の壊れた愛着を考える。
978-4-334-03775-8

673
体内時計のふしぎ
明石真
あなたは「朝型人間」？「夜型人間」？ 近年、体内時計と病気の関係が次々と明らかにされている。現代人が心身の健康を保つ秘訣とは？「病気と予防の時間生物学」入門。
978-4-334-03776-5

674
色彩がわかれば絵画がわかる
布施英利

すべての色は三原色をもとにして作られる。これが、四色でも二色でもダメなのはなぜか。そもそも「色」とは何なのか。シンプルな色彩学の理論から、美術鑑賞の知性を養う一冊。

978-4-334-03777-2

675
税務署の正体
大村大次郎

半沢直樹〝黒崎査察官〟の正体とは、税務署員は「会社を潰して一人前」、調査官には課税ノルマがある、脱税請負人のほとんどは国税ＯＢ……元調査官が謎の組織の実態を暴く！

978-4-334-03778-9

676
君の働き方に未来はあるか？
労働法の限界と、これからの雇用社会

大内伸哉

「雇われて働く」とはどういうことか、労働法は今後も頼りになるか、プロとして働くとはどういうことか――。「これからの働き方・生き方」に迷っている人の指針を示す。

978-4-334-03779-6

677
ＴＶニュースのタブー
特ダネ記者が見た報道現場の内幕

田中周紀

共同通信社からテレビ朝日に転職。社会部・経済部の記者、「ニュースステーション」「報道ステーション」のディレクターを務めた著者が、体験を基にテレビ報道の内情を明かす。

978-4-334-03780-2

678
背すじは伸ばすな！
姿勢・健康・美容の常識を覆す

山下久明

腰痛、肩こり、イビキにメタボ……。これらはみな「背すじ伸ばし」が原因だった!? 人類史と人体構造の考察を通して、美容と健康を維持する〝姿勢のカギ〟を導き出す。

978-4-334-03781-9

光文社新書

679
出世したけりゃ
会計・財務は一緒に学べ！
西山茂
会社の数字とは接点がなかった現場社員が、経営幹部になるために最低限必要な会計と財務のポイントを解説。2分野のキモを一緒に押さえれば、誰でもトップ経営者になれる！
978-4-334-03782-6

680
なぜ僕は「炎上」を恐れないのか
年500万円稼ぐプロブロガーの仕事術
イケダハヤト
他人との衝突を恐れて、言いたいことを言えない人生はもったいない。年500万円を売り上げるプロブロガーが「炎上」をキーワードに、ストレスフリーな新しい生き方を指南。
978-4-334-03783-3

681
高学歴女子の貧困
女子は学歴で「幸せ」になれるか？
大理奈穂子
栗田隆子
大野左紀子
水月昭道監修
女子を貧困に追いやる社会構造のなかで、教育、キャリア、結婚、子育てをどう考えればいいのか？　当事者が自らの境遇と客観的なデータをもとにその実態を明らかにする。
978-4-334-03784-0

682
迫りくる「息子介護」の時代
28人の現場から
平山亮
解説　上野千鶴子
嫁でも娘でも妻でもなく「息子が親の介護」という異常事態!?を機に表出する、男社会の息苦しさ、男社会のあるあるとは。男性介護者の思いを丁寧に描き出す、もう一つの「男性学」。
978-4-334-03785-7

683
なぜ、あなたの薬は効かないのか？
薬剤師しか知らない薬の真実
深井良祐
日々の生活と切っても切れない関係にある薬。しかし、私たちは薬の基本的な性質を知っているでしょうか？「自分の健康は自分で守る時代」に必要な考え方を、この一冊で学ぶ。
978-4-334-03786-4

684
弁護士が教える
分かりやすい「所得税法」の授業
木山泰嗣

給与所得や源泉徴収など身近でありながら、実にややこしいのが所得税法。本書は、初学者から実務者までを対象に、所得税法の基本ポイントをわかりやすく解説する。

978-4-334-03787-1

685
ヤクザ式　相手を制す最強の「怒り方」
向谷匡史

怒りは、ぶちまけても抑えすぎても害をもたらす〝負の感情〟。それを無敵の武器に変え、交渉を制する技術をヤクザから盗め！　取材経験の豊富な著者が「怒りの極意」を伝授。

978-4-334-03788-8

686
生殖医療はヒトを幸せにするのか
生命倫理から考える
小林亜津子

生みどきが来るまで「卵子凍結」、遺伝子解析技術で「生み分け」、提供精子でみずから「シングルマザー」に……。さまざまな生殖医療技術が人間観、家族観に与える影響とは何か。

978-4-334-03789-5

687
日本の居酒屋文化
赤提灯の魅力を探る
マイク・モラスキー

人は何を求め、居酒屋に足を運ぶのか？　40年近い居酒屋経験を誇る著者が、北海道から沖縄まで、角打ちから割烹まで具体的なお店（120軒）を紹介しながら、その秘密に迫る。

978-4-334-03790-1

688
がんに不安を感じたら読む本
本荘そのこ
中村清吾 監修

がん治療は、患者ひとりひとりにあったオーダーメード医療といわれる時代に突入している。2人に1人は生涯にがんに罹患するいま、大切な心がまえとは何か。そのヒントを示す。

978-4-334-03791-8

689
プロ野球の名脇役
二宮清純

大記録の陰に名脇役あり。エースや4番の活躍だけが野球じゃない！　長年野球を見てきたジャーナリストが、脇役たちの物語に光を当て、プロ野球のもう一つの楽しみ方を伝授！

978-4-334-03792-5

690
違和感から始まる社会学
日常性のフィールドワークへの招待
好井裕明

日常の小さな亀裂から問題を発見し、読み解く力とセンスとは？　思いこみ、決めつけの知に囚われている自分自身を振り返り、日常を〝異なるもの〟として見直す。

978-4-334-03793-2

691
ホテルに騙されるな！
プロが教える絶対失敗しない選び方
瀧澤信秋

どうすれば安く、賢く泊まれるのか？　年間200泊を超えるホテル評論家が、一般利用者でもすぐに使える知識を徹底指南。あくまでも〝宿泊者目線〟を貫いた画期的な一冊。

978-4-334-03794-9

692
テキヤはどこからやってくるのか？
露店商いの近現代を辿る
厚　香苗

「陽のあたる場所から、ちょっと引っ込んでいるような社会的ポジション」を保ってきた日本の露店商。彼らはどのように生き、商売をしているのか――。その仕事と伝承を考察。

978-4-334-03795-6

693
10日もあれば世界一周
吉田友和

「世界一周航空券」の登場により、夢のような旅だった世界一周がどんどんお手軽になっていく。どの国を、どんな順番で回るか。仕事を辞めず、短い休みで実現する方法を教える。

978-4-334-03796-3

694
なぜ、あの人の話に耳を傾けてしまうのか？
「公的言語」トレーニング
東 照二

性格を変える必要はなく、ベラベラと話す必要もなく、「外向的」である必要もない。大事なのは「聞き手」中心の話し方。これから必要な「コミュニケーション能力」を考える。

978-4-334-03797-0

695
メディアの苦悩
28人の証言
長澤秀行編著

「マスゴミ」「オワコン」と言われる新聞・テレビと、炎上などの社会問題を引き起こすネットメディア。苦悩を続けるトップたちにこれからの「メディアの役割」をインタビュー。

978-4-334-03798-7

696
警視庁捜査一課長の「人を見抜く」極意
久保正行

第62代警視庁捜査第一課長は、41年間にわたる警察官生活の中で、どのようにして犯人のウソを見抜き、群衆の中から不審者を発見してきたか？ プロならではの視点が満載。

978-4-334-03799-4

697
文章ベタな人のための論文・レポートの授業
古郡廷治

文章で伝える力は、学生だけでなく多くの社会人にとって必要不可欠。その基本はすべて論文・レポートの作法にある。学生が書いた豊富な文例をもとに、一生モノの文章力を養う。

978-4-334-03800-7

698
知性を磨く
「スーパージェネラリスト」の時代
田坂広志

なぜ、高学歴の人物が、深い知性を感じさせないのか？ なぜ、博識が、知性とは関係ないのか？ 目の前の現実を変革する「知の力」＝「知性」を磨くための田坂流知性論。

978-4-334-03801-4